普洱市旅游发展委员会　编

云南出版集团
云南人民出版社

序

/顾　桃

行走普洱

世界太挤了。一模一样的高楼大厦太挤了，铺天盖地的广告太挤了，熙熙攘攘的人群太挤了，千人一面的生活模式太挤了，被扯成碎片的时间太挤了……

能否让我寻一处自由闲适、安放梦想的纯净之地？让我行走于生机勃勃、苍茫广袤的大地；让我在蓝天下，观行云流水，苍穹下，等待星空如花朵般无声绽放；让我回归本真的初心，了悟生命的丰盛。

那一天，山水相依，如诗如画，穿梭于梅子湖弯弯曲曲的栈道，斑驳的光影，清凉的微风，看树叶飘飘然落下，生活如诗般绚烂，生命如画般美妙。

那一天，山花烂漫，野趣横生，徜徉于古树峥嵘、苍藤缠绕的普洱国家公园，犀牛在草地翻滚，长臂猿在林间游荡，蝴蝶在山谷起舞，鸟儿在枝头歌唱，开着永不停歇的森林音乐会。

那一天，密密的寨子，妖娆的筒裙，雄浑的象脚鼓，晶莹的水珠，随风飘扬的经幡，萦绕在亘古的娜允古城。

那一天，秀美龙潭，云里雾里，山上山下，神灵皆醒。

那一天，轰鸣的木鼓，熊熊的篝火，飘洒的长发，醇香的水酒，佤部落的狂欢没有末章。

那一天，八旬老人，三岁孩童，激扬的青春合奏出拉祜人的岁月，想起就让人流泪的老达保。

那一天，景迈的古树，翁基的寺，糯干的寨子，哎冷的魂。依靠在老木屋前的布朗阿奶哟，大大的耳洞挂着银质的环，长长的烟斗吐着浓浓的烟，听不懂汉语的阿奶哟，腼腆的一笑似新娘。

那一天，迂回曲折的古道，川流不息的马帮，清脆嘹亮的马铃，历久弥香的普洱，挥舞的马鞭，飘扬的情歌穿越虎斑霞绮、林籁泉韵。

那一天，振太的田园，紫马街的石；兴隆的鹭鸶，难搭桥的影；无量的剑湖，哀牢的猿。

那一天，挂满枝头的三丫果染红了鸡鸣三国的城，江水尽，爱不绝，城有界，情无限。

那一天，在北回归线许下爱情的誓言，在太阳转身的时候绽放双胞的笑颜，封火楼里的浪漫演绎成一首首缠绵的情歌。

那一天，豆汤米干大红菌，咖啡石斛普洱茶；糯米粑粑竹筒饭，佤族稀饭紫米粥；油炸蜂蛹蚂蚁蛋，黄牛干巴包烧鱼；饕餮盛宴，芳香四溢，珍馐美味，大快朵颐。

那一天，飘扬在怀旧音吧里的一首首老歌吹动的不是伤感而是情，飘散在金菩提里的咖啡香气馥郁，促动内心柔软的情愫弥漫开来。自然简单随性的帝泊洱 TEA 吧让时间变得很慢很慢。

那一天，瑰丽斑斓的绝版木刻在古道博刻和“空山”里张扬，青春的梦想在艺术的殿堂里飞舞。

那一天，赞美普洱那首最美的诗，已经深深地镌刻在了心坎上，只有穿过我的心房才能解读。

那一天，春风吹散了我们的脚印，可是留下的都是故事。

携一颗青春的心，让我们带着爱，行走普洱！

目录

CONTENTS

雨果的话

“拉祜拉祜拉祜哟、快乐拉祜人、幸福吉祥吉祥幸福快乐到永远……”这首朗朗上口、名为《快乐拉祜》的歌曲，如今不仅在普洱，就连在遥远的内地，也有人会哼上几句，那欢快的旋律和直白的歌词，反映出了拉祜人不加掩饰的快乐与数千年保存至今的纯真，让人一听就非常神往。不过，这里我要提醒你的是，在普洱，快乐的不仅仅是拉祜人，也不仅仅是充满青春憧憬的年轻人，这里土地富饶，风景如画，而且民族众多，边疆和内地的多元文化在这里相互碰撞，相互交融，因此，普洱的各族群众在长期的劳动生活中创造出了很多的财富，也创造出了很多的快乐。

在普洱，时光是慢的，眉头是舒展的，人们总是在轻松地享受生活，品尝快乐，似乎连枝头的鸟儿鸣叫和林中花朵的绽放，都透露出快乐的氛围。普洱人的快乐，不仅表现在每日的餐桌上和夜晚的篝火边，不仅表现在大三弦和葫芦丝的旋律中，也不仅包容在老友的重逢和年轻人的初识里，还蕴含在那种类繁多，令人流连忘返的大大小小的节庆活动和聚会中。

有人曾经说过，因为普洱的独特地域和立体的气候，几乎世界上的每一种植物都可以在这儿找到适合它们生存的环境。同样的，那些喜欢品茶、喜欢喝酒、喜欢探奇、喜欢钓鱼、喜欢摄影、喜欢唱歌、喜欢追寻各种快乐的人，也都会在普洱找到他们情有独钟的所在。

普洱——这座美丽且充满希望的城市，经过多年的快速发展，已蜕变为一座充满现代化气息的新城，经济快速发展，文化灿烂繁荣。在普洱茶已成为人们关注热点的今天，普洱更深层次的文化基因开始发力。由各种林林总总的节庆组成的一曲盛世欢歌正在高唱，新奇神秘的各种节庆活动，让海纳百川的普洱大地文化芬芳，让能歌善舞的普洱人民四季欢腾。是的，那些快乐的元素就蕴含在这些活动中，快乐的元素，已经成为每个普洱人生活、生命的一部分。所以，雨果列举了很多普洱这片热土上的欢乐节庆，希望你能跟随我的记录，在那些充满魅力的快乐节庆中寻找不一样的快乐。

普洱民族文化源远流长，长久以来，各民族在这里繁衍生息，在各自发展着自己民族文化的同时，也孕育出了一个个独特且极具本民族特点的诸如"葫芦节""木鼓节"等节庆活动，这些节庆活动成为反映各民族信仰和追求的最好方式，也成为普洱人民精神生活中的重要内容。不同民族的节庆活动，或新奇或神秘或庄严，但都透出一种独特的魅力，吸引着人们前往，也成为外界了解普洱的一扇窗口。

仔细盘点一下，普洱一年四季都有过不完的欢乐节庆，一年四季都能让人快乐到底。在这里，总有不同民族不同地域的节庆活动等着你，总有一见如故的男子和热情大方的女子在前面等着你，不用担心自己是外地人，也不需要特别邀请，更不用担心会被"宰"，只要参与进来，快乐便会从心底迸发出来。即便是在一旁驻足观赏，欢乐也会感染每一个人，如果你想体验普洱的快乐，不妨带上简单的行囊，一起走进普洱，走进那些山寨、走进那些节庆，走进那些不一定是节庆的聚会，——向快乐出发！

省、市主办节庆

中国普洱茶节

一片绿叶带给一片土地的大快乐

中国普洱茶节，是普洱最为重大的节日之一，因为这个节日的主角是让这片土地扬名天下的普洱茶。二十多年来，正是这个节日，打开了一扇让外界了解普洱的窗口。

对了，我说的二十年，是这个节日正式命名的时间，其实，从古到今，这块土地上一直就有着不少与普洱茶有关的节日和活动，只是没有叫茶节而已。——在古代，每年春茶开采的时候，要举行祭祀茶祖活动；对一些古老的茶树、

茶山，人们也会敬畏地向它献祭，还有人告诉我，有的地方，每年的第一杯新茶要回敬茶山，人们在茶山围绕着大茶树又歌又舞，感谢自然的恩赐，表现了普洱人在自然怀抱中的快乐。甚至在送往朝廷的驮着贡茶的马帮起身的日子，也会演变成古普洱府城的一个隆重节日，一次商业和文化的快乐聚会。所以，我们今天的普洱茶节，其实是一种文化的传承，一种历史的延续和快乐生活的再现。

普洱茶节作为当地的大型节庆活动，看点和亮点自然不胜枚举。似乎普洱一切美好的东西都在这里集中展示了出来，不仅有各民族的歌舞可看，有民族特色的美食可尝，同时，还能直观地了解普洱茶的历史，品尝来自普洱茶产区不同茶山的普洱茶。有幸的话，你可能还会品尝到一些过去只有皇帝才能拥有的茶品——比如从千年古茶树上采来的绿茶，或者是存世几十年、半个世纪以上，汤色浓红明亮的老普洱茶。这，就看各人的造化了。

随着普洱的不断发展，这个节日也有了许多的创新和亮点，比如在逢双的年份里，把这个节日拿到省外举办，节日中加入群众参与度很高的品茗活动、斗茶活动。自然少不了传统的篝火晚

会、音乐晚会等，普洱人是要把自己的快乐和大家分享，让每个人也都因为这片小小的茶叶而欢乐起来。

还是先请诸位看一点相关的资料，让你“秒懂”茶节的历史和取得的辉煌，然后雨果还有话说。

相关资料

从1993年起，普洱就开始举办“中国普洱茶节”，到2013年，中国普洱茶节已经举办了十三届。在这二十年的发展历程中，中国普洱茶节已成为一个具有国际性、开放性、公益性的茶界盛会，为弘扬普洱茶文化，提升普洱茶的知名度与认知度，推进普洱茶产业的快速发展，促进边疆民族地区经济社会的和谐发展起到了积极的作用。中国普洱茶节的兴起，带动了普洱茶的经济发展，使其更加热销，在一次次中国普洱茶节上，云南省内无数家茶企业和民族旅游商品企业参加了普洱茶交易会和民族服装服饰及旅游产品展销活动，成交额达上千万元，实现了民族文化和茶产业、旅游产业的有机结合。

中国普洱茶节的举办在很大方面促进和推动了普洱茶文化的交流，丰富了普洱茶的文化内涵。通过中国普洱茶节这个平台，使普洱茶获得了消费者的广泛认知，成为名闻天下的饮品。

中国普洱茶节以展示“科学普洱、健康人生”，全力打造“世界茶源·中国茶城·普洱茶都”品牌为活动主题，大力宣传推介“生态、和谐、魅力”普洱，展示普洱茶科研成果，弘扬普洱茶文化和民族旅游文化，推动普洱走向世界、融入世界，通过普洱茶产品展示与旅游推介、科学普洱专家论坛、普洱茶高端品茗等活动，将全面系统展现

"农业普洱、文化普洱、科学普洱、人文普洱"的发展历程和绚丽多姿的原生态民族文化，集中推介科学普洱创新产品、非物质文化遗产，宣传和发布普洱茶科研创新成果。

第一届中国普洱茶节于1993年4月9日至11日在普洱举行，宁洱县设分会场，历时三天。茶叶节期间，来自泰国、老挝、日本、韩国、美国、新加坡、马来西亚、印度尼西亚等国家，及香港、台湾、澳门等地区的商贸宾客、专家学者和国内十多个省市的党政领导、企业家贸易伙伴共3000多人云集普洱，进行经贸交流和业务洽谈，商品成交额达6.235亿元，与国外客商签订协作项目99个，总金额达2.35亿元，取得了良好的经济、社会效果。

雨果的话

需要提醒的是，每届的普洱茶节都会有一个或者几个很有创意的主题，比如2007年的普洱茶节，主办方就特意从北京的故宫把一个一百多年以前从古普洱府进贡去的命名为"万寿龙团"的贡茶隆重地接回到普洱，这个被称为"百年普洱贡茶回归"的活动，让普洱茶的后人们和来此地旅游的人，看到了他们先辈加工制作的精品实物，也让更多的人体验到了普洱茶带来的快乐，包括一些由衷的感慨。

2013年的第十三届普洱茶节，是在普洱本土举办的，主要的活动地点是在普洱城的北部，一个新打造，但充满着中华传统文化和普洱民族文化的特色的叫茶马古镇的地方。几天的活动，都围绕着"普洱茶"做文章，让人目不暇接，连我这个普洱人心

中也一直纳闷普洱到底有多少和茶叶有关的东东？也许是为了吸引眼球的缘故，茶庄的经营者们各自想出了许多高招——有的将自家茶园的巨幅照片摆在明处，来证明自家茶叶的生态；有的将几面茶字彩旗高挑门面，让人产生时光穿越的感觉；还有的从店员到店主一色民族盛装，一眼看去琳琅满目，惹得摄影爱好者狂拍不止。

当然，茶节不仅仅有关于茶的各种东东，普洱以及周边地区的土特产，包括一些民族服饰、民族工艺品也纷纷在这个时间“亮相”。所以，这个机会可不要错过哦。如果不喜欢这些，一心想尝尝地方的美食，那这里的机会就更多了，普洱的不用说，你还可以尝到来自泰国、老挝、越南和缅甸的各种精美地道小吃，这已经慢慢成了普洱茶节的一大特色了。

当然，还有少不了的民族歌舞、民族文化的展演，到时候你肯定会感慨自己分身无术，看不过来。不过，你还是可以根据节日提供的相关指南选择你喜欢或者分得出时间的时候过去分享一份快乐。

记住，如果你要到普洱来参加茶节，要选在逢单数的年份，如果以后有变动，雨果会告诉你的。

雨果提示

在普洱茶庄品茶的攻略

在普洱的茶庄里品茶是不收费的，只要你走进店里，坐下，不等你提出要喝茶，主人就会主动地问你要喝点什么茶，生茶、熟茶还是绿茶？如果你对普洱茶在行，你可以提出要求，顺便和主人谈谈你对某款茶的感受，谈谈普洱之外的茶的情况，普洱的茶庄主人都是懂茶的，连那些泡茶的小妹也大都受过茶艺培训，有的是正规培训，有的是私家传授。在这里，你可以在茶香中和普洱人大谈普洱茶，因为这是一个从市长到市民都在谈茶的城市，你可能会听到一些以前没有听过的观点，品出一些以前没有发觉的味道。

如果你对普洱茶是初次相识还是所知不多，你可以直接要求店家介绍喝一点好喝的茶，主人会根据季节、每天的时段、客人来的地方，比如广东客还是上海客，端出熟茶或者生茶，反正都好喝，而且，若相谈甚欢，热情的主人还会大方地赠予你一些“私家珍藏”的茶叶。

告辞的时候，你买不买茶，主人都会热情地邀请你再来。不过雨果认为还是买一点好，把普洱的味道和喝茶的快乐也带给你家乡的朋友。

省、市主办节庆

普洱民族文化旅游节

带你去看“天赐普洱”

相关资料

自2006年起，普洱每两年就会举办一届民族文化旅游节，至今已经举办了四届。时间一般都在9月。

普洱的民族文化多元而厚重。在这片神奇古老的土地上，勤劳、勇敢、智慧的普洱各族人民在长期的生产生活过程中，创造了丰富多彩、独具特色的民族文化。

至今，每次民族文化旅游节都突出展示了普洱的区域特色和迷人风韵；彰显了普洱茶文化、原生态文化、民族文化等资源富集的优势，让“天赐普洱”的迷人风情得到了淋漓尽致地体现。

民族文化旅游节看点大盘点

民族风俗风情展：每一届的民族文化旅游节上，都有个必不可少的环节——民族风俗风情展演。展演妙趣横生，游客和观众在展区川流不息，他们被厚重而斑斓多彩的民族文化、风土人情所折服。傣族、佤族、拉祜族、哈尼族、彝族“五户人家”均贴上各自的标签，以动静结合的方式，通过民居文化、民族服装服饰、非物质文化遗产项目、民族茶艺茶道、民族手工艺品、特色小吃等的展示展销，诉说着本民族文化的灿烂与辉煌。当然，这也是集中了解普洱不同少数民族风情的最好方式。因为，这里有平时你只能在电视上看到的《嘎光舞》《阿迷车》等时而婀娜，时而浑厚深沉，时而粗犷豪迈的绝对“原生态”歌舞。同时，你还能看到新奇的“T台秀”，少数民族演员们会身着各自民族的服装，然后迈着自信的步伐展现他们的特色，同时也告诉你，我们也有名模的“国际范”。另外，那些教科书里用几千字来介绍的诸如抢新水习俗、进新房习俗、拜年习俗等民俗活动，你也可以在这里直观地接触到。兴致来了，还可以加入其中，感受民俗文化的古朴神秘。如果逛累了，还可以在展区尝尝你从未吃过的生态黄牛干巴、凉拌菜、三角粑粑等经典普洱美食，感受普洱人嗜酸辣的饮食特色。然后，你还可以去看看少数民族用来“舂粑粑”的工具长什么样子，因为这里还有各式农具的展示。我相信，爱美的姑娘们在此一定不会空手而归，因为琳琅满目的工艺品展区展示给你的是“最炫民族风”，从服饰到手工艺品应有尽有。一直以来，精美的竹编小篮子、漂亮的银首饰等手工艺品备受游客青睐。

民族歌舞展演：历年的民族文化旅游节上，各县（区）代表队、越南和老挝两国艺术团、农村业余文艺演出队、市直单位、

学校、城区业余表演团队等多支参演队伍，会在在市内演出，场面蔚为壮观。其中，不仅有民族广场舞专场，还有农村、社区、少儿文艺专场和精品歌舞专场等。同时，越南奠边省和老挝丰沙里省艺术团还曾经在节日上带来了精彩的演出，为此节日增色不少。这些节目可谓雅俗共赏，符合不同人群的审美需求。每次民族文化旅游节，一批批原创及原生态节目将会在展演中亮相并脱颖而出，为世人奉上一道具有普洱风情的艺术盛宴。

美术书法摄影展：当然，这个节日不仅仅只有歌舞，美术书法也是备受人们关注的一个方面。每次民族文化旅游节上，我们都能看到很多的书法、摄影作品展出，这些作品是从全市范围内征集的稿件中遴选而出的，处处闪烁着艺术的灵性，其手法要么直抒胸臆，要么运用隐喻。无量山、哀牢山、澜沧江以及风土人情、民生万象成为作者礼赞的对象。在这

里，神奇与壮美，浪漫与凝重得到解构和表达，只要心灵信马由缰，主题亦可自由驰骋。在这里，我们感受到了艺术诠释后的普洱越发秀美。

雨果的话

快乐的九月 快乐的季节

上面的话有些枯燥，看腻了吧？那么接下来雨果告诉你，这个节日选择在9月，是经过了一番推敲的。

普洱属于亚热带气候，每年春夏秋冬的差别不大，但雨季和旱季的区别非常明显。全年中，有五个月左右是雨季，有的年份还更长，在雨季中，地里的陆稻、苞谷；山林里的各种植物都蓬蓬勃勃地生长，一片欣欣向荣。这个时候人们的劳作量也加大了，有的山地民族，在这个季节，年轻人的婚姻和爱情之门是关闭的，要到劳作结束秋收到来才会打开。这样，人们将快乐隐藏在心底，悄悄地看着庄稼成熟、瓜果长大，直到到了该宣泄的时候。

九月，经过一个雨季的滋润，山林越发葱郁，曾经在旱季里干涸的小溪又流水清清，辛苦的耕作获得了收成，他们心底的快乐也到了该释放的季节了。

因此，在这个季节中，普洱人的歌声和舞蹈以及他们的小三弦、葫芦丝才传达得出内在的、最快乐的旋律。

从这个节日的一开始，普洱人就将他们的眼光投向了共同生活在一个气候带的越南、老挝、缅甸等邻居身上，并邀请他们民间为主的艺术团来普洱表演。开始来的不多，后来这些邻居在普洱感受到了欢乐的氛围，来的团队就多了，节目也不断推陈出新，而且是他们国家那个地域上最原生态的表演，可以相信在今后的节日中他们会来得更多，表演也会更好，有幸在那个时间来到普洱的旅游者千万不要错过。

参加民族文化艺术节，是体验普洱的最好方式。请按照雨果的提示去品味他们发自心底的快乐，你也会得到最愉快的享受。

与普洱人喝酒的全攻略

在这个节日里，美食和饮食文化也是节日的一个亮点，在最近的一届节日中，还专门开设了民族特色的美食一条街，这些民族不同的美食雨果以后会一一谈到。在这里，我要提示的是与美食同在的一种东西，文人称之为杯中物的美酒。

普洱人喝白酒，主要有两种，一种是本地酒厂的产品，35度左右为主；一种是本地民间用苞谷为原料的自烤酒，50度以上，都属于清香型，他们一般不很习惯喝曲酒之类香型的白酒。

当然还有如佤族水酒等酒类，但那要在特殊环境中才能喝到，现做现喝，不能长期保存，雨果跳过不说。

普洱人喝酒也猜拳，但规矩多，什么“大旗不倒”、不出五和零的数字，外地客人不会，本地在城里长大的人也多不会，所以他们会在正式就餐前拿上几瓶酒，几样下酒菜，作为正餐前的

一道“副餐”，而登场的主角却是扑克牌。

扑克游戏，花样繁多，但用来“佐酒”，一般都是很简单的人人会玩的花样。如果普洱人邀请你参加，一般不要随便拒绝，因为他们邀请，说明你已经不是领导、不是老板，而是平等的朋友了。但你可以提出先看一两把，看懂了规则再参加，否则可能会还不怎么明白就喝下了几大杯白酒。看懂了规则后参加，因为规则对谁都是平等的，手气好的话，你可能连连得手，把主人喝得不亦乐乎，这样，这种胜利的快乐会长久地保持在你的记忆里。

当然，手气不好的话，你可以认输退出，在众人的笑声和酒醉的感觉中暂时休息，但酒量好的朋友可以完全地全心身地投入到喝酒的游戏中，反正气氛是友好的，规则也是平等的，输赢总之也就是一万和三千的关系，最后都免不了喝得红光满面，兴奋和谐，举杯唱一首新学会的普洱酒歌或者自己拿手的家乡老歌，搏一个满座喝彩，彻底享受一番喝酒和醉酒的快乐。

那要真喝醉了怎么办？放心，普洱人有分寸，会在适当的时候打住，最后会把朋友送回宾馆等住所，或者医院——当然雨果还没有碰到过也不希望如此。

有一个朋友，是很合群善交友的那种，回去以后，告诉我说他想起普洱，就有一种晕乎乎的感觉。但他说，这种感觉很美妙，以后有机会来普洱，还要邀几个上次相识的朋友——“整两把”。

省、市主办节庆

中国普洱国际乡村音乐节

多元文化迸撞出动听音乐

草莓音乐节、迷笛音乐节、大爱音乐节是国内很知名的音乐节，让很多乐迷为之疯狂。其实，在普洱也有很大型的音乐节，而且也有自己鲜明的乡土特点，现场效果和影响力丝毫不亚于这些大牌音乐节，那就是普洱国际乡村音乐节。

首届中国普洱国际乡村音乐节于 2012 年 11 月举办，以体现民族民间、地域特征的音乐为主，立足于创新和创造，表现自己的形式和风格，突出乡村音乐，创造属于自己的音乐节。音乐节突出以“美丽、时尚、音乐”为主题，突出创意、创新、创造，深度挖掘乡村音乐的文化，体现乡土、乡情、乡亲的浓郁地方特色。内容涵盖普洱元素、云南元素、中国元素、国际元素，有原生态音乐、乐器创造、联合表演、天籁之声、音乐 + 时尚等多种形式的表演。通过音乐演出、国际潮流时尚秀、户外采风创作和国际研讨会，营造参与性、竞赛性和欢乐延伸的气氛。

2012 年 11 月 20 日晚，普洱热闹非凡。首届中国普洱国际乡村音乐节在普洱市文化中心广场隆重开幕。上万名各地观众相聚一堂，欣赏来自国内外 20 多家乡村乐队和著名音乐人的激情演出，在生态优越、气候宜人、民族文化灿烂的普洱市度过了一个亲近美丽、感受时尚、享受音乐的魅力之夜。

活动当晚，星空卫视主持人温雅首先介绍普洱特有的无量黑冠长臂猿的天籁之音，与佤族木鼓的轰鸣，堪称原汁原味的普洱之声，随之表演的非洲手鼓乐团以热情奔放的曲风首先将开场气氛推向高潮。

获得央视冠军的普洱梦想合唱团与中国好声音两组歌手同台飙歌，引发观众一阵阵经久不息的热烈掌声。风格迥异却新颖和谐的组合表演在同一舞台呈现更是绝无仅有，法国手风琴爵士乐队“大小姐”、法国 JAZZ 乐团与新疆的马木尔乐团组合表演，吉他之神歇斯、普洱老达保·雅厄艺术团、100 位吉他表演者及众多葫芦丝乐器的壮观合奏无不使现场观众喝彩不断。原生态的民族气息以音乐呈现，在普洱这块乡村音乐的沃土得以创新和国际化发展，使得当晚的观众从独立音乐到摇滚之声、原生态文化，体验了一场难忘、感动的音乐之旅。

此次活动历时 8 天。由普洱市与新丝路时尚集团共同策划，中国音乐家协会大力支持，以促进国际乡村音乐交流和创作为目的，把美丽、时尚、音乐融入城市文化。活动中，曹方、老狼等一些广为人知的明星也悉数亮相普洱，为首届中国普洱国际乡村

音乐节增光添彩。观众欣赏到了“中国民谣在路上”“鲜明的音乐地图”“国际音乐面孔”“普洱本地音乐”“互动时刻”等各具特色的表演。还观看到精心设计的非洲手鼓与傣族象脚鼓PK；中国顶级吉他大师与普洱当地民族乐器共同演奏；著名民谣歌手与普洱民间艺人合唱；欧美乐团与普洱梦想合唱团飙歌；来自五大洲的乡村乐队和世界小姐佳丽与游客、市民歌舞联欢；无量黑冠长臂猿声与乐器弹奏演绎天籁之音等，将现代与传统、时尚与民族、音乐与舞蹈元素深度融合，现场碰撞，构成一场国际顶级的音乐盛宴，让乐迷大呼过瘾。

雨果的话

普洱是乡村音乐的沃土，在这片绿色的大地上，《阿佤人民唱新歌》《婚誓》等经典歌曲闻名全国，普洱古茶园和茶文化系统被列入全球重要农业文化遗产保护项目试点，拉祜族芦笙舞和司岗里等文化遗产被列为国家级非物质文化遗产保护名录，《马帮情歌》《实在舍不得》《快乐拉祜》等一批乡村音乐脍炙人口。普洱梦想合唱团主打“乡村风”和“民族风”，在央视舞台大放异彩、登顶冠军。被音乐界专家学者誉为“中国第一支原生多声部乡村音乐组合”的“达保兄弟姐妹组合”的原生态歌曲也唱响大江南北。

所以，承办这样一个活动，普洱很有“底气”。一个边地小城能举办一次这样的活动实属不易，而且办出了风格扩大了影响，更人人为之佩服。首次音乐节是将原创音乐、乡村音乐、国际时尚元素与美丽赛事相结合，进行国内首创的旅游经济推介。中国普洱国际乡村音乐节的举办并成为长期活动，其原生态音乐、国际化音乐元素对我国音乐文化事业发展具有积极意义，更为广大观众带来全新而美好的艺术享受；同时，致力传统音乐艺术的发掘和发展对打造城市名片和地方经济的促动必将产生深远影响。

音乐节的那几天，普洱一片欢腾。穿着涂鸦T恤和少数民族服装的歌手乐队们同台献艺和交流，把古老的歌谣和现代的说唱带给乐迷。那些各地飞来的和本地的乐迷们也极尽能事，在穿着打扮和海报制作等方面大费苦心。本来雨果还担心活动会是本地小年轻们自娱自乐，可看到各种粉丝团荧光粉红的行头和夸张的海报时，我才第一次感觉到，原来，音乐竟然有这么大的魅力！可以将不同地域的人们短时间内召唤到一起来。

当然，最大的亮点还是普洱本土的歌手艺人们。当被音乐界专家学者誉为“中国第一支原生态多声部乡村音乐组合”的普洱“达保兄弟组合”背着吉他上场时，现场一片寂静。当他们边舞边唱，以原生态音乐之美演唱了自编的歌曲《实在舍不得》，并为观众奉献原汁原味的拉祜族歌舞。一时间让那些看惯了摇滚、嘻哈等风格的乐迷和外地歌手震惊并报以雷鸣般的掌声，他们怎么能把吉他这种“洋气”的乐器玩得如此炉火纯青，还能弹奏出民族韵味极浓的歌曲，真是让人叹为观止！

雨果还看到很多外国的乐队和国内的艺人纷纷在演出结束后找到这只普洱本土乐队，要求学习《快乐拉祜》和《实在舍不得》几首歌，还有的公司向他们发出了演出邀请函……

其实，在普洱本土，像这样风格鲜明的乐队乐手不在少数。而且，毫不夸张地说，每个不同民族都可以立马组合出几支乐队出来。这里是最纯粹的歌舞的海洋。

当然，首届普洱国际乡村音乐节只是个开头，为接下来的几届埋下了伏笔，相信音乐节将会更加好看、好玩！具体的举办时间，我还是为普洱本地媒体和官方微博求个粉，请大家关注他们的微博，呵呵。

省、市主办节庆

中国墨江北回归线国际双胞胎节暨哈尼太阳节

看新奇 品欢乐

哈尼太阳节：当民族文化撞上光和热

每年5月1~2日，素有“哈尼之乡、回归之城、双胞之家”和“太阳转身的地方”之称的墨江县总会举行一个隆重的节日——哈尼太阳节。

简单说来，哈尼太阳节就是哈尼族表达对太阳的崇敬。而每年的向太阳取火仪式，则标志着这个神秘节日的开始。在这一天，人们会穿上最艳丽的衣服，挂满各式叮叮当当的银首饰，跟在哈尼摩批的身后，穿过北回归线大门，沿着为太阳转身精心设计的回归线，来到北回归线的最高处——取火台，从这里把阳光变成火，去点燃千百万哈尼人的火塘，照亮每一个长夜，温暖每一个心灵。

双胞井与双胞胎

除了浩浩荡荡全民参与的取火种仪式，“摸你黑”便是太阳节上的一大亮点。“摸你黑”简单来说就是用锅底灰互相涂抹对方的脸，谁越黑说明谁的人气旺，这个场合，什么美白霜防晒露恐怕是最受排挤的，谁素白着一张脸，那肯定说明他人气差，得到的祝福少。在这个活动中，哪个最黑才算得上是最艳丽的面孔。每次“摸你黑”，我们总能见到平时爱美追求美白的男女老少都放下了顾虑，乐呵呵地追逐嬉闹，心甘情愿地当一次“黑人”。

当然，除了能当“黑人”，还有项福利是不能不说的，那就是看美丽的哈尼“雅米”（姑娘）。墨江境内的哈尼族支系众多，每个支系都有不同的服饰和习俗，雅米们的积极参与，成为太阳节上一道靓丽的风景线。只见她们身着色彩艳丽的服饰，一针一线都透露出浓郁的少数民族风情，还有她们佩戴的银饰品，种类繁多看得人眼花缭乱，走起路来叮当作响，和她们银铃般的笑声融为一体，加上她们健壮的身材和健康的肤色，让人不自觉地醉倒在她们的笑容里，歌声里。

太阳节，让我们来墨江，以太阳的名义像阳光般欢乐奔放。

墨江国际双胞胎节：双胞们的狂欢盛会

科学家认为，双胞胎是人类生殖繁衍中的一种特殊生理现象，在人群中的自然发生率约为 2‰。在云南省南部地区，北回归线正好穿过的墨江县的双生概率却已达到 6.7‰。据统计，墨江县城 37 万人口中就有 1200 多对双胞胎，因此墨江被誉为“双胞胎之家”。

值得一提的是，墨江县城附近的河西村有一口双胞井，传说喝了其中的水就能生双胞胎，也让当地更添神秘色彩。这些神秘的现象和传说吸引了越来越多的国内外游客来到墨江。有关专家认为，墨江高概率的双生现象可能与当地的地理位置、气候条件、遗传基因有关，但具体原因至今仍是一个谜。

这个节日自 2005 年起，已经成功举办过 10 届。美国、加拿大、俄罗斯、新加坡等多个国家的双胞胎都曾参与墨江北回归线国际双胞胎节，且国际上每年都有新的双胞胎参与到墨江国际双胞胎节中。可以说，“中国 · 墨江北回归线国际双胞胎节暨哈尼太阳节”已成为云南文化旅游的一张叫得响的旅游名片，到目前为止，已有近百万人在节日期间前往墨江观礼。

在国际双胞胎节期间，海内外游客不但可以体验浓郁的哈尼风情，还可以欣赏千对双胞大巡游及哈尼抹黑脸狂欢活动、双胞世家及神奇墨江造就神奇双胞胎评选活动、墨江哈尼族原生态歌舞乐展演、双胞联谊、幸运双星大抽奖活动、双胞胎才艺大比拼活动、系列双胞胎体验活动（朝觐双胞井、重返双胞林、共结同心锁）、北回归线“秘境婚礼”活动、哈尼长街宴活动、双胞胎文化展览、民族民间传统水上趣味活动等。

小贴士

前往墨江交通便利，距离昆明只有 4 小时车程，全程高速路。需要提醒各位亲要提早预订房间，因为新奇好玩，节日期间常常是人满为患。另外，除了品尝美食和狂欢外，墨江本地的“墨江紫米”“麻脆”以及紫米封缸酒等土特产是不能舍弃的好东西哟。

雨果提示

关于墨江紫米的几句话

墨江全称是“墨江哈尼族自治县”，而且是全国唯一的一个，所以它的哈尼文化根基很厚，内容也非常丰富。要详细论述起来起码也要一本专著，雨果怕挂一漏万，这里就不多说了，有兴趣的各位可以找一些这方面的书籍阅读。我想说的是：“如果你真的去到墨江旅游，你一定会碰到的一样东西，那就是墨江的紫米。”

墨江地处哀牢山，以地为主，坝子很少，但是，哈尼人在长期的生产过程中，把山坡变成了一层一层的梯田，有的梯田从山脚一直到山顶，而且一山连一山，非常壮观。这些梯田，不仅是旅游的景点，也证明着墨江水稻种植历史的久远。紫谷，就是他们培育出来的一个水稻品种。

紫米，有的地方叫黑米、紫糯米。但墨江的紫米明显是紫色的，和别的地方出产的黑米有很大的区别。除了色泽上的不同，用它煮出来的饭，像糯米一样香、软，但又不软到粘乎乎的粘手，吃起来有筋骨，煮成稀粥更是上品。另外，哈尼人很早就发现了紫米营养价值的与众不同，现在我们说紫色食品怎么怎么作用，其实墨江自古以来就已经实用了，连女人生孩子，传统上就要让她吃一些紫米的食物补血。

另外，雨果还要说的是，紫米的亩产量很低，无法和袁隆平的杂交稻相比，但我相信里面的基因是很原始的，这可能也是一种价值，而且墨江紫米一旦到了外地种植，就会出现色泽变异、味道变差的现象，似乎只有在墨江这块特定的地域上种植出来的紫米才是真正的墨江紫米。所以，在墨江，紫米加工的食品，无论是甜白酒，还是饵块粑粑，价格都要贵一些，但物有所值。如果在墨江，招待你的宴席上有紫米饭、有紫米煮鸡、紫米团子之类的佳肴，一定要尝一尝。打道回府的时候，要是拿不定主意卖点什么东东回去，雨果建议可以买一点紫米回家，绝对正确。

紫谷和紫米好，自然用来酿酒也不坏。

现在，墨江的紫谷系列白酒已经成了普洱的名牌，是普洱不少高阳酒徒的首选，但雨果要介绍的是我在小贴士中提到的"紫米封缸酒"，这是一种甜酒，以紫米为原料，用类似加工甜白酒的工艺酿成的，酒度不高，老少咸宜，家庭聚会时最合适，老人可以喝，平常不喝酒的家庭主妇也可以举杯敬敬大家，政策宽松一点的话，未成年人也可以喝上一杯，让这来自北回归线上的紫米酒为你营造出一派其乐融融。

县（区）主办节庆

澜沧葫芦节

以葫芦之名点燃欢乐

澜沧拉祜族自治县是我国唯一的一个拉祜族自治县，拉祜族把葫芦作为标志，或者说是一种图腾吧。它象征拉祜族从葫芦中走出，向太阳奔去的精神追求和吉祥幸福的美好心愿。每年 4 月的 8 日至 10 日，是澜沧拉祜族的葫芦节，也是拉祜族最有意义和代表拉祜传统文化的传统节日。在一年一度的盛会——葫芦节里，拉祜族同胞们会穿上盛装，走亲访友，互赠糯米粑粑，以求风调雨顺，平安幸福。

拉祜人民的“葫芦节”，拉祜语称为“阿朋阿龙尼”。每年这天，拉祜族人民穿着灿烂的民族服饰，载歌载舞，带着自酿的美酒与糯米做的粑粑，杀猪宰鸡，集中在每个村子的广场上，开始一年一度的庆祝活动。

广场上，只见小伙们吹着芦笙，姑娘们跳着欢快的集体舞，舞蹈被称作“摆舞”，动作不复杂，却尽情地表现着在四季之中，人们从最开始的犁地，撒种开始，一直跳到最后丰收的喜悦，感谢上天赐予的阳光和雨水，感谢风调雨顺，无病无灾的美好年景。入夜，燃起篝火，伴随着悠扬的音乐，低沉的木鼓，老人们唱着自己一生的遭遇，从母亲辛苦的生育，艰难的成长历程，直至成亲，离开父母，养育自己的子女，到青春不再，满目沧桑。一个个哀怨、凄美的故事随着老人的歌声，在月色中缓缓道出，在这如水的月色之下聆听着这嘶哑的声音，火光跳跃，木鼓声声，仿佛生命之河正在身边慢慢流走，而那一去不回青春年华，也好像又开始在这月色下流淌、环绕。

就这样，在以后的三天三夜中，拉祜族人民不停地跳着，唱着。渴了，停下来喝口米酒，饿了，吃一口粑粑，再接着跳，接着唱，累了，困了就休息一下，别的人再继续，用他们或悠扬，或嘶哑的声音歌唱着生命的欢乐与哀愁，用他们或年轻，或衰老的身体表达着对“葫芦”这种带给他们生命的圣灵的敬意。

拉祜族人为何如此偏爱葫芦？据拉祜族创世史诗《牡帕密帕》《说典噜典》中的传说描述，拉祜族的祖先是天神“厄莎”在农历十月十五那天用葫芦培育出来的。因此拉祜族认为他们是葫芦的后代，把葫芦看成是祖先的化身和全民族的吉祥物。对葫芦的信仰体现了拉祜族长期同大自然的密切关系和生存奋斗历程。“阿朋阿龙尼”葫芦节是澜沧拉祜族自治县第九届人大常委会第十七次会议决定的。1991 年 11 月 6 日在澜沧召开的“拉祜族史研讨会”上，经澜沧县人大常委会、县人民政府征求各地参会拉祜族群众的意见，决定把传说中拉祜族祖先诞生的日子法定为全县拉祜族的节日，即将每年农历十月十五定为葫芦节。后来，由于受各种外界因素影响，每一年的“阿朋阿龙尼”都会做一些时间调整。可是，快乐依旧是不变的。澜沧县政府每年都会在这期间组织各种文体活动、科技及商业物资交流活动，使传统的民族节日和发展经济相结合，进一步提升葫芦节的社会影响和知名度。

信分公司热烈祝贺澜沧县
个乡镇视频会议系统

古茶飘香敬
澜沧拉祜族自治县2007年"阿朋阿龙妮"(葫芦节)开幕
景迈芒景千年万亩古茶园"中国民间文化遗产旅游示范区"揭牌

猎虎的民族和心中的曼列花

关于拉祜族，其实了解的人不多，雨果就曾经碰到一个小有名气的人物，居然把拉祜族读成了“拉姑族”，说明他过去的确没有接触过这方面的材料。据解释，拉祜语中，拉是老虎，祜是指把肉烤到黄黄的香喷喷程度的意思，连起来大致是——（他们是）把老虎肉烤得黄黄的吃的（那个民族）。所以有人就文学地把拉祜族称为猎虎的民族。这个称谓也说明了拉祜族历史上曾经是一个游猎的民族。

有游猎历史的拉祜族是一个快乐的民族，歌和舞是他们陪伴一生的伙伴，有人曾经玩笑地说拉祜族是普洱少数民族中的“吉普赛人”，在过去漫长的年代中他们曾经居无定所，不停地迁徙，又不停地歌舞欢唱。在普洱的澜沧江一带，拉祜族终于认为这里就是他们要生存发展的地方，于是，一个游猎民族逐渐转变成了农耕民族，目前，全世界有一半以上的拉祜族就生活在澜沧县，澜沧，也就成了全国唯一的拉祜族自治县。

在前面的文章里，雨果已经提到了几个“唯一”，普洱到底有几个唯一，各位也不妨自己猜猜，或者查一下。

在20世纪的六七十年代，有人在澜沧收集到一首“麻栗花开幸福来”的拉祜族民歌，这首歌一直唱了好多年。很多的文化工作者也因此就以为麻栗花就是拉祜族心中的幸福花。到了世纪末，才有人质疑是搞错了，说那个读音是“曼列”或者是“曼梨”，接近麻栗，有人用汉字记录时当然地写成了麻栗花，当然，麻栗花虽然不怎么漂亮，但开放的时候还是漫山遍野一树树散发着香味，但为什么要把它说成是幸福花，就缺乏进一步的支持了。这样，后来澜沧的许多文字记述、甚至餐馆的名字就写成了曼列花。

雨果就这个问题，请教过一位拉祜族干部，他对汉文化和拉祜文化都有很高的造诣。据他说，曼列花可以泛指一切的鲜花，麻栗花开幸福来——可以理解成鲜花开放的季节幸福也来到了，另一层意思是特指一种美丽的花，甚至是想象中传说中的花。

哇，那不就成了三毛的“梦中的橄榄树”。

我当作家的父亲曾经写过一部拉祜族题材的长篇小说，对拉祜文化有所了解，我问他这个问题，他考虑了一下，说曼列花也可能是现实中真实存在的花，他甚至觉得有可能是冰山上那种难得一见的雪莲花，只是没有证据。

他的话让我捧腹大笑，一个在亚热带丛林中生活的民族怎么会把冰山上的花当成自己的吉祥花、幸福花？可是笑了一会儿后我不笑了，雨果再笨，也知道拉祜族的祖先是从青藏高原迁徙来到澜沧江的。在没有文字记载的民族中，祖先的美好记忆是会通过传说、通过民歌一代代传下来的。

反正，什么是曼列花，雨果最后还是不知道。也许，你们以后来澜沧，在快乐的拉祜山乡之旅中，会发现一朵美丽的曼列花。

县（区）主办节庆

中国佤族木鼓节

在佤山体验神秘的佤族文化

相关资料

每年 4 月上旬，阿佤人民总会敲响震天的木鼓，跳起欢乐的甩发舞，高举一杯杯醉人的美酒，共同庆祝他们的节日——木鼓节。

木鼓节是阿佤人最盛大最隆重的节日，是由佤族民间古老的拉木鼓、跳木鼓房、祭木鼓、剽牛、祭祀等一系列宗教活动以及从生产生活中发展演变而来的。佤族视木鼓为至高无上的通天神器，是山寨村民赖以生存的保护神。过去（1958 年前）曾以最高规格用人头或虎、豹等大型动物的头颅进行献祭。围绕着木鼓的民间盛大活动主要有拉木鼓、跳木鼓、祭木鼓。虽然不是同时连续举行，但是都非常热烈、隆重、欢乐、壮观，既丰富多彩，又具有浓厚的地方民族特色。佤族的宗教、歌舞、饮食、服饰穿戴、待人接物、礼仪风俗等等，都在其中得到充分展示体现。

木鼓是佤族通天神器，相传是天神莫伟教佤族做的。佤历“格瑞月”（相当于公历 12 月），是佤族过去举行全寨性拉木鼓活动的时节。木鼓是佤族所特有的鼓种。多以直径 0.8 米，长约 2 米的红毛树整木雕凿而成。佤族用它进行祭祀、报警、召集村民或进行娱乐。每个佤族村寨都有一个或几个木鼓房。

近年来，木鼓节多以重点突出展示民族文化艺术和民俗风情为主，主要举办热闹隆重的拉木鼓、镖牛祭拜司岗里、朝拜龙摩爷、民族体育竞技、民风民俗展示、民族歌舞表演、大型篝火联欢、千人品尝阿佤水酒以及舂米、织布、民族工艺制作等展示活动品及农副产品展销等一系列活动。

木鼓节期间，浑厚悠扬的木鼓声响彻佤山，整个佤山沸腾了，人们和着欢快的节拍，踏歌起舞，忘记了年龄、忘记了身份、忘记种族，尽情舞动、舞动……木鼓敲醒了佤山、敲出了佤山新希望。

小贴士

佤族人喜爱水酒，常常盛满水酒端给客人，此时，请不要乱跑乱叫，能喝则喝，不能喝就请跟主人先说明白，不然拒绝了别人的美意可是很不礼貌的哟！悄悄告诉你吧，来西盟一定要尝尝佤族稀饭，另外，西盟米荞、蜂蜜等土特产是馈赠亲友的最好生态礼品。

雨果提示

佤族水酒的ABC

佤族的水酒，是用滇南特有的一种叫小红米的粮食在竹筒里酿成的，用的水也是专门去远处背回来的山泉水，从这个意义上来说，这是一种绝对生态的饮料。当然，除了小红米以外，用高粱、玉米等也可以酿水酒，但是小红米酿的显然更好。

佤山有一种大竹子，有人告诉我叫龙竹。和小水桶一样粗，过去是佤族群众取水、储藏粮食的器具，他们也用这种竹筒酿水酒。把加工过的小红米拌上酒药放进竹筒，用芭蕉叶等封口，发酵后加进山泉水，就可以饮用了。据说现在酿造的方法和工具已经有很多的变化，雨果说的是最古老的一种了。总之，酿好的水酒有乳白色的，也有金黄色的，有淡淡的酒香，如果要雨果评价的话，我觉得味道和啤酒差不多，但我的同事说这不是我的发现，多年前普洱人就已经戏称水酒为“佤族啤酒”或者“佤山啤酒”。

初次喝水酒的人，会有一个接受过程。我的父亲曾经讲过这样一件事，他当年陪同一批来自内地的作家、艺术家去佤山西盟采风，当地招待他们的水酒是盛在玻璃容器里的，有人试着喝了

佤族敬酒

欢快的佤族竹笛舞

一口，就说这个啤酒变质了，不能喝了。接待的领导解释说是水酒，而且是最好的水酒，然后敬了满满一大杯，他看见好几个作家艺术家是出于礼节皱着眉头喝下去的。到了晚上他们去参加篝火晚会的时候，大家就先后发现了水酒的好处：首先不像白酒那样辣嗓子，喝下去解渴消暑，也有酒的亢奋、提神，凭直觉也凭介绍，他们还知道了这水酒是可以健胃消食。所以，第二天，他们看到桌子上只有白酒，就都提议不喝这个，要喝昨天那个。

和佤族喝水酒是有一些规矩的，雨果这里就不多说，因为如果你来到佤山，朋友就会教你的，怎样敬酒和接受敬酒，怎样在喝得高兴的时候用佤语快乐地发一声欢呼——“牛不来”！至于这句佤族话是什么意思，还是自己来发现吧。雨果最后要说的是，佤族水酒讲究现兑现喝，没有办法长时间存放，所以这个味道只有在佤山可以喝到，因此，佤族水酒的味道也就是佤山的味道。另外，水酒的酒精度很低，属于低度的含酒精的饮料，但也会醉人的哦。

县（区）主办节庆

中国孟连娜允神鱼节

来孟连“淘宝”

雨果的话

神鱼节，雨果在前面介绍泼水节的时候已经说过了，虽然这个节日的时间和泼水节差不多，但它毕竟是一个单独的节日，而且还是孟连最盛大的节庆活动，每年都会吸引大批游人来“淘宝”，淘美食、淘工艺品，最精彩的，就是淘“神鱼”。

关于神鱼节的来历，在孟连流传着许多优美的传说故事。有一种说法是，传说在远古的时候，人类没有谷物、蔬菜种子，过着以野菜野果充饥的生活，吃不饱穿不暖，佛祖看到这一情况很可怜人类，就派地上长的蕨菜和河里游的神鱼巴嫩罕去拯救人类，为越来越多的人类提供源源不断的食物，鱼类一次就可以产卵千千万万，

南垒河万人捉神鱼

繁殖生长快，人类再怎么发展也享用不完；蕨菜的子孙遍布大地，它也能保证人类天天都可以采摘到新鲜的蕨菜。

神鱼和蕨菜尊崇佛祖的旨意，每年4、5月间都要从海洋给孟连人民送来许许多多的鱼，而凡是有鱼的河岸，都有蕨菜的踪影。孟连人民为了接受佛祖的恩赐，每到这个时期就从四面八方赶到孟连坝子的南垒河尽情捕捞，神鱼节就这样一代一代流传下来。蕨菜见人们更热衷捕鱼，气得脖子都弯了，孟连一带的人们为了不冷落蕨菜，不管是用叶子包起鱼来烧，还是煮鱼汤，都忘不了放点蕨菜。

为了感谢鱼给人类带来的恩惠，所以每年傣历新年来临，人们都要颂经祭祀神鱼，采取宗教仪式进行鱼类放生活动，一是希望鱼给人类带来源源不断的福气，二是教育人们要保护鱼，让它们繁衍生息以便为人类提供更多的美味佳肴。

为了把这项民间传统的节日在新时期发扬光大，每年4、5月间在娜允古城都要举办神鱼节，成千上万的孟连城乡各民族男女老少下河捕鱼。当地傣族、拉祜族、佤族等各民族传统独特的各种捕鱼方式都将派上用场，生活在城里的人很难看到的边地各民族捕鱼方式，成为孟连一道亮丽的风景。在节日期间，还举行各种民族文化活动，让四海嘉宾、八方朋友与全县各族人民一道共同享用边地各民族文化特色大餐。

“神鱼节”期间最令人期待的项目是——“捉神鱼狂欢”。捉鱼的地方就在横贯县城的南垒河橡胶大坝和龙潭大坝之间的水域。这截河道约1500米长，30米宽，经过数个小时的排水，中心水位已降低到刚刚没过常人腰部。从早晨八九时起，“突突突”的拖拉机轰鸣声便打破了小县城的宁静，身着五颜六色民族服装

的当地群众提着竹箩、罩箩、网兜不断从四面八方聚集而来，在南垒河桥头岸边翘首以待。

节日当天，南垒河两岸近两公里范围内已经被围得水泄不通，四处下水地点挤满了等待参与的人们，他们脱掉鞋子、撸起袖子、挽起裤腿，有的直接赤膊上阵，眼睛紧紧盯住着河水，手里拿着各种各样的捕鱼工具，等待一声令下就立即跳入河中。狂欢活动一开始，早已按捺不住内心兴奋的人们扑通扑通跳进水中，行动敏捷的年轻人迅速趟到河中央寻找有利地形，老人和孩子们则集中在水较浅的区域。瞬时间，近万人便拥满了河道，呼喊声、欢笑声此起彼伏，罩箩、网兜不断在水中翻腾，搅起泥浆，河水变得浑浊不清。大家齐齐上阵"淘宝"捞神鱼，在快乐的气氛中一共庆祝这个佛祖赐予的节日。

雨果提示

亲，神鱼节记得先预订房间哟，这个地处边境的小县城这些年中也在逐渐长大，但是，对节日间突然一下子增多的游客，它还是有承受的困难。到了之后，记得买双人字拖，才算融入亚热带地方的标志，在这个热带的环境中，依然穿着旅游鞋，哪怕是名牌的，恐怕都会把你捂出香港脚，还是别的什么地方的脚来。然后开始逛吧，记得要尊重当地风俗，在这个有佛教传统的地方，进佛寺要脱鞋，到了傣家不要乱进别人的房间，也不要摸小孩子的头什么的！走的时候如果方便，记得带点好吃的孟连米、傣族服装、工艺品等等。至于女孩，雨果建议破费一点，买一套傣装鲜艳一回，在这里穿傣装是对环境的一种自然的融入，头戴鲜花走在街上恐怕也只有在这里只会获得欣赏不会见笑，也许还会有同样外地的来客不明就里地赞美你——好漂亮的小卜哨。

也许，这辈子就穿这么一回，但绝对值，谁不相信的话，拿出手机，找出照片作证。

雨果的体验

在孟连品尝傣味的回忆

孟连的傣味，是让人回味又可以向朋友讲述的美食。

首先是环境和餐具，环境一般就坐落在傣族寨子里，有一种自然美。餐具中包括桌子凳子都是竹编的，有的餐桌与时俱进地编成了两台，桌面下还有摆放个人碗筷的地方，有的加了玻璃的旋转桌面，但总体还是傣式风格。糯米饭也装在竹编的饭盒里，打开有一种与众不同的味道。烧烤，尤其是烤鱼，不但外面包着香茅草，鱼肚子里还有很多热带特有的香料，如野生的大芫荽，反正都很香。酸笋，是傣族用竹笋像做泡菜的方法或者腌酸菜的方法腌制的，是傣味的主角，可以单独吃，也可以炒肉，更可以用来煮鸡、煮鱼、煮螺蛳，甚至煮本来烧吃的牛干巴。酸笋腌不好，那么鸡、鱼也会煮不好吃，而傣族的餐桌是一年到头都有酸笋的，怎样把酸笋腌好，他们很有经验了。普洱人都会吃爱吃酸笋，可

惜不少北方来的客人不怎么习惯。不过，还有其他的佳肴可以品尝。比如凉拌菜、昆虫。

雨果认为，傣族人民对热带植物、动物的可食用性，了解得几乎是无以复加的了。我小时候在老家水沟边看惯的不少绿草，到了孟连，才知道原来是可以吃而且很好吃。昆虫食品中，除了蚂蚱、竹虫外，那些蚂蚁蛋、油炸知了，还有形状可怕的爬爬虫，我也是在孟连才首次开吃的。而一种又香又脆的膨化过的食品，一问才知道是用牛皮加工的。

傣味中，除了酸、辣之外，也很讲究吃生的，比如长在水边的水香菜、折耳根、水芹菜，还有一些我至今不知道的树叶，就那么洗干净生吃，但要蘸一种酱，傣语叫“辣咩”。里面有番茄、辣椒等多种成分，很好吃的。而且我在孟连还吃过被戏称为傣族三文治的食品：——用新鲜的生菜、卷心菜叶包上米线，蘸上一种特殊味道的花生酱，还有烤肉，像吃春卷一样吃，味道——算了，味道我就不说，你找机会自己去体验吧，不一定在节日，平常也可以。

顺便一说，吃糯米饭，要用手抓了吃。从小，母亲就教育我，不准用手去抓东西吃，这回，算是开戒了。

县（区）主办节庆

景谷泼水采花节

在水中传递快乐

每年泼水节，我总看得见外地的朋友发微博或者是修改 QQ 签名：想去版纳过泼水节！想去泰国过泼水节！

他们哪里知道，过泼水节不仅仅在泰国和西双版纳，在普洱的景谷也一直延续着这个传统，而且更有一番地域特点，别有一番风情。每年的泼水节，人们用水来彼此传递着快乐，让人流连忘返。所以，不如试着走一次“小众”路线，来普洱泼水吧！

泼水节其实就是傣历新年，是傣家人最热闹的节日。时间是傣历六月中旬、公历 4 月中旬，为期 4 天，头两天迎新，后两天送旧。（有的地方也稍有不同之处），在普洱市境内，孟连、景谷、江城、思茅等县（区）傣族聚居的地方都有欢度泼水节的习俗。

时到今日，泼水节已经不仅是傣家人的节日，在这个多民族集聚的地域，各个少数民族都会加入进来，一同欢乐。

而雨果经历过最难忘的泼水节即为景谷的“泼水采花节”。

那一年到景谷，当地傣族卜哨告诉我，傣历新年第一天称为“宛麦”，是辞旧岁之日。这天，雨果看到勤劳的傣家妇女们清扫竹楼、整理居室、蒸糯米、烤香茅草鸡、煮酸笋鱼、烤竹筒饭等。傣家寨子干干净净，一派辞旧迎新的景象。第二天为“宛恼”，

意为空日，当地人解释说，这天不算在新年和旧年之间。但是这天依旧有事要忙，家庭主妇要赶在鸡叫之前挑一担水回家，因为这个时辰的水最清洁。当阳光照到村寨、射进竹楼的时候，又把这担水挑到佛寺浴佛。第三天，为“麦帕雅晚玛”，意思就是岁首。这一天要举行赶摆、丢包、放高升、赛龙舟、堆沙滴水等活动，欢庆新年的到来。

当然，雨果觉得“泼水采花节”上最有人气的就是“泼水”活动了。人们都会携带着各式泼水工具走上街头和道路，互相泼洒着象征着祝福的水。若平日里，看到一个虎背熊腰的大男人举着塑料水枪肯定会让人发笑，但在泼水节里，你会发现这样的人比比皆是，而且显得和节日融洽异常。泼水活动开始时，人们总是慢慢地进入角色，先是用枝条蘸点小桶里的水互相轻轻点在身上，慢慢地发展为男女青年间的追逐，只见人们或拿着桶或用水枪互相泼洒嬉戏，在开心的笑声里，喜悦的表情自然地挂在脸上。快乐，就是这么简单而垂手可得。

“泼水采花节”期间还有一项重要活动不能错过，那就是“堆沙滴水”，这是一项敬佛活动。新年的第一天，人们要到江

PEAK

边挑沙子到佛寺旁，堆成若干个塔，每座塔上掘一口小井，人们围坐在沙塔四周，一边聆听佛爷讲读经书，一边把清洁的水一滴滴地滴入沙井里。当我第一次看到这个仪式时，感觉到仪式充满了庄严、肃穆、虔诚和认真，没有泼水时的欢快，没有放高升时的兴奋和激动，有的是浓郁的宗教气氛。

在堆沙的这天，青年男女们会换上漂亮的新衣，小伙们背上象脚鼓，姑娘们嬉闹地跟在后面，上山采花。4月的景谷，青山翠绿、人们怀着虔诚的心情采摘一朵朵饱含露珠的各种野花。殷勤的小伙子们将杜鹃花、栗花、墨水花、桃花、李花编成花环或者扎成把送给自己喜欢的姑娘。如果姑娘也喜欢小伙子，便含羞地接过小伙子手中的鲜花，这时伙伴们便会追逐着姑娘，发出一阵阵欢快的哄笑声。如果姑娘不喜欢小伙子，就不接花默默走开，小伙子只得拿着鲜花去另找意中人。太阳出来了，伙子们吹响竹瑟，姑娘们唱起山歌，悠扬的歌声回荡在山间。吃过午饭后，人们把采回的鲜花捆扎成束，或编成花环，或做成花房，然后敲锣打鼓，举着彩幡，带着精美食品鲜果走向佛寺，人们捧着鲜花，载歌载舞绕佛寺走一圈，然后有秩序地走进佛寺，将花束、花房和食品鲜果献于佛龛，并向佛像滴水叩头，祈求保佑平安。

泼水节的几天里，真是热闹非凡，除了重头戏——泼水外，不仅可以去“赶摆”，尝遍竹筒饭、糯米粑粑、烤鱼、烤鸡、凉粉等特色美食。还可以去 “泼水采花节”上看美丽的卜哨和俊俏的卜冒。更可以观看神圣的“浴佛”仪式，看放高升。最后，还可以怀着虔诚的心情放飞寄托着美好愿望的孔明灯。

近几年来，景谷的“泼水采花节”又多了很多新

的内容：千人跳笙、花车巡游、“娜波丽”（美丽少女）魅力民族姑娘选美展演活动，随着亮点不断增多，“泼水采花节”也成为景谷最热闹最好玩的节庆活动。

总之，泼水节就是一场和水有关的狂欢，说了那么多好看好玩的元素，来不来泼水狂欢，你看着办。

雨果的话

雨果要告诉你，普洱的傣族实际上有两大支系，以澜沧江为界，南边的孟连、澜沧等地的傣族，本地叫水傣，姑娘们的装束和电视上经常出现的那种穿筒裙、打花伞、身材袅娜的形象完全一样；而澜沧江这边的景谷县，还有思茅区的傣族在头饰、衣着和语言上稍有不同，这种傣族本地称为旱傣（也有写成汉傣的）。但无论水傣还是旱傣，他们的心理特征、宗教信仰、节庆时间完全一样，称他们水傣或者旱傣其实不科学也不专业，但在普洱，这样一说，好处是轻易就把他们分清楚了。

每年4月上旬便是傣家人的泼水节，除了景谷外，雨果还推荐各位亲到孟连度泼水节，一来可以体验孟连的秀美风光风土人情，二来孟连与缅甸接壤，还可以体验一把边境游。另外孟连的泼水节期间还会有一些同时举行的节日，如“神鱼节”。这个节日起源于一个古老美丽的传说，关于神鱼节，雨果在前面的文章里已经有了专门的介绍，这里就只是简单地说几句。

神鱼节有许多相关的活动，比如开幕式、文化展演、民间盛宴等，但大家最期待的项目就是“捉神鱼狂欢”。

地点是流经县城的南垒河段，约一公里多。那天一大早，来自四面八方的傣族、佤族、拉祜族、汉族等各族群众，带着自己民族特色的渔具就等待在了河流两边。节日期间，河流经过人工的处理，最深处也只有齐腰深。等到主持人一声令下，人们欢呼

采花礼佛

着跳入水中，放手在这段平时禁渔的河段中尽情捕捉起神鱼。那情形实在难以言表。反正，捕捉到大鱼的快乐，抓到了小鱼的快乐，没有抓到鱼的也快乐，在岸边观看的人群更快乐，南垒河此时已经成了一条快乐的河流。

而在景谷县等地的傣族，就是我刚才说的旱傣，泼水节还称为泼水采花节。就是在傣历新年的第一天，人们要采集鲜花、绿叶到佛寺赕佛，然后才互泼清水祝福。

赕佛的队伍是有组织的，很长很壮观，以村、寨为单位，队伍中还表演着马鹿舞和白象舞，或者有象脚鼓队随行，去到就近的大佛寺赕佛。但无论哪一支队伍，都基本以美丽的女子为主体，她们鲜艳的服装、手中鲜艳的花或者碧绿的嫩叶，成了节日一道美丽的风景线。而这样的队伍，有时候会绵延几里，实在美不胜收。

这个景色雨果相信别的地方是看不到的。——你们不信，反正我信。

雨果提示

节日里在傣族寨子做客的全记录

虽然我是普洱人，但是到傣族寨子做客的机会并不是很多，到景谷旱傣家里做客的机会就更少。终于有一次，我应邀来到了景谷的永平坝子，和那里的傣家过泼水采花节。

永平坝子很大，也可以说是一片绵延数十公里的小平原。是景谷傣族的核心居住区，很多寨子里至今没有杂居过其他的民族，所以民风民俗保留得非常完整。在参加了泼水的活动之后，换了衣服来到一个不大的寨子，一派傣式风情，寨子里一浓浓的节日气氛，我作为朋友的朋友的朋友，跟着走进了傣族人家。

眼前的竹篾桌上已经排满了美味，有糯米饭、傣族烧烤、凉拌野菜，还有大概是野生的小河鱼，另外有一盆牛撒撇。作为本地人，我自然认识牛撒撇，也知道这种食物不习惯的人不要多吃，但是当时我饿了，又受不住那种酸辣傣味的诱惑，很快就大吃起来。

在吃的过程中，我发现带我们去的朋友吃得很少，每样只是尝一口，而且在用餐的时候，还发现还来了几个傣族同胞，在外面和主人用傣语说着什么。

朋友看出了我的疑问，就解释说那是另外一家的主人，来邀请我们去他家吃饭。

信众拜佛

到了那家，竹篾桌上的傣味同样丰盛，而且我还看见了我爱吃的叫树头菜的泡菜、火烧干巴、酸笋煮鱼，忍不住又吃了起来。吃着吃着，我看见又有一家傣族同胞等在了我们旁边，也一定要邀请我们去他们家做客。这个时候，朋友才对我解释，节日里，一家的客人也就是一个寨子的客人，所以主人都会过来邀请去他家坐一坐，尝一尝他们的傣味。不应该拒绝的。

这位仁兄也真是，现在才对我说这个，怪不得他吃得那么秀气，可我已经很野蛮地吃饱了，接下来我记不住那天总共去了几家，反正后来我就那么对了一桌子的美味发呆，一口也吃不下去。这对从小就嘴馋的我实在是一种惩罚。

不过，在后来的日子里，回忆我对着一桌子美妙傣味发呆的样子，我的心里还是充满了快乐。

县（区）主办节庆

中老越三国丢包狂欢节

小小荷包传情达意

“一城连三国”，这句话形容的是江城哈尼族彝族自治县。别看小县城处于不起眼的位置，近年来，这里还举办过国际性的节庆活动——“中老越三国丢包狂欢节”，该节日每隔 2 年分别在中、老、越三国间轮流举办。尽管丢包节是中老越三国周边地区的传统“情人节”，但这个浩荡热闹的狂欢节，传递的不只是儿女私情，更有中老越三国之间的友好情谊。

江城位于云南省南部普洱市东，因与越南、老挝两国接壤，李仙、曼老、勐野三江环绕而得名。丢包是中、老、越三国相邻地区人们参与最为广泛的一项活动。丢包又称香包或荷包，以菱形包最为常见，色彩斑斓，内装荞籽、草籽、谷物或各种香料，以一条主线吊着包的一个角，其余三个角系着彩色丝带，是男女传情示爱的信物，丢包节在漫长的传承中已经演变成三国周边地区的“情人节”。

丢包玩法中，“丢包穿月”的游戏规则为站在 5 米远的地方，往十几米高的“月亮”（直径一米的铁圈）抛丢包，以丢包从铁圈中穿过为胜出。在彝族小伙子的心中，月亮代表着姑娘的心。晚上，夜深人静小伙子将心上人亲手做的丢包抛进姑娘的窗口，

万人丢包狂欢

姑娘便知是心上人来了。

而更考验彝族小伙的真情的还有“负重丢包赛”。在江城，小丢包只有指甲般大，而大丢包，则重达 60 公斤！比赛中，最低负重无限制，男子最高负重曾达 110 公斤，女子最高负重曾达 90 公斤，挑着重重的丢包走上 40 米，中途不能停歇。据说，丢包负重是彝族男女示爱的一种方式，为了证实提亲男子身体的健康并表明其愿意和姑娘一起担当生活的重担。

一直以来，“牛体彩绘大赛”无疑是狂欢节中最受瞩目的环节，比赛吸引了来自中国、老挝、越南、美国、加拿大等国家的几十只队伍前来参赛。简单说来，就是在牛的身上作画，冠亚季军得主还将分别获得 10 万、6 万、4 万元的奖金。相传，很久以前一名叫龙嘎的哈尼小伙子赶着牛去田里耕作时，遇虎向耕牛猛扑而来，打斗过程中牛滚进了泥水中，翻身站起后牛背上的泥水、血水混杂在一起，在阳光辉映下形成了一幅流光溢彩的图案，老虎看到这一幕后被吓住了，龙嘎得以将虎打死。聪明的龙嘎推测，色彩斑斓的牛身可以镇住老虎。于是，第二天他找来各种树叶、山花熬成涂料，在水牛身上绘上图案。果然，老虎都吓得远远躲开了。周围村民见此也纷纷效仿起来。发展到后来，为牛体绘画，成为了一项艺术活动。

当然，丢包节也是吃货们的福音。吃货们在江城遇上三国“团拢”古宴，享受到的可是哈尼人宴请贵客的最高礼遇。团拢古宴有别于一般的长街宴，宴席上的桌椅围成一个圈，三国的人们围拢着共尝美食，寓意着团结共融。是热情好客的江城人民用来招待贵宾和亲朋好友的一种礼节习俗，每道菜都有深厚的民俗文化内涵和独特的药用功效。在第二届中老越三国丢包狂欢节中，江城县共设置了248桌团拢古宴喜迎八方宾客。受到了宾客的广泛赞誉。

宴席上，只见竹编矮桌上，红褐色的芭蕉花蕾具有独特的鲜甜味，牛苦肠水、柠檬汁炮制的牛撒撇口感清爽，晶莹剔透的野生红木耳脆滑可口，酷似海船的“木蝴蝶过江”有清肺之效，面对如此盛宴，真可谓是把大自然的恩惠都搬上了宴席，让人唇齿留香。

小贴士

亲，依旧是老话，记得提前预订房间。另外，节日间记得尊重当地人的风俗，不要妄加评论随意贬褒。要带土特产的话，精美的丢包，还有黄牛干巴、牛洛河生态茶都是不错的选择哦！

雨果提示

江城有酒

江城不在普洱的交通干线上，因为它“边”，——不边，怎么会和越南、老挝相邻？不过现在已经有柏油路面与普洱中心城市连通，三个小时的时间就到，当然要去到三国交界处，去到那

著名的一听名字就叫人神往的"十层大山"，还有过去以捕鱼为生的土卡河渔村还要花费一些时间和旅途的颠簸。可惜上述的几个地方雨果只是"走马观花"地短暂停留过，也许，下一次，我就会为你写一些更详细的亲历感受。

江城这个地方的森林中流淌着上好的泉水，坡地梯田上种植着上好的苞谷、水稻，自然有条件酿出上好的白酒。国庆酒、红香米酒等都是当地的品牌，销量也很可观。雨果起先以为当地出名的"国庆酒"有庆祝国庆的意思，后来才发现是一个地名，而且那个环境优美的地方能生产好酒，我一点也不感到奇怪。

江城的酒都是清香型的，有三十多度和五十多度的两种，基本上是为普洱人喝酒的习惯量身定制的。江城也一样，朋友同辈之间猜拳、翻扑克斗酒用低度；不斗酒或者敬老人的时候用高度的。雨果只会礼节性地喝一点酒，但在江城几次看他们斗酒，一大堆男人还有几个女人，斗赢的开怀大笑，斗输的尴尬地笑着把一大杯酒喝下；平常严肃的领导也笑闹着为一杯酒的多少和下属斤斤计较，聪明的女士狡猾地想尽办法少让自己喝酒；不爱说话的"老闷"则饶舌地在发表演说。那情景，不但他们快乐，旁观的人也同样快乐。

在江城，没有不喝酒的相聚，是融汇了江城自然风光和人文习俗的江城酒，燃烧起了主人和客人心中的快乐。前面雨果说到的丢包节，它的主题曲就是《彝族敬酒歌》。

县（区）主办节庆

景东无量山狂欢节

弹起三弦欢乐多

相关资料

2012年10月1日至3日，景东县举办了首届景东国际无量山狂欢节，其中最具亮点的活动就是8000余人合奏三弦，景东县由此申报“最大型三弦合奏”吉尼斯世界纪录成功，至此，景东县共成功申报了两个吉尼斯世界纪录。当然，这个节庆活动还将每两年举办一次，让世人感受无量山地带的热情和欢乐。

景东彝族自治县共有36.11万人，其中彝族人口占42.1%。在景东，彝家人重大活动都离不开三弦，“三弦一响脚就痒，调子一唱心就想”就是当地彝家人的写照。2012年10月2日中午，在景东县三弦文化广场，8318人来了个三弦大合奏，最终7979人（民间戏称吃酒吃酒人）符合要求，吉尼斯世界纪录现场认证官程东先生宣布——这是新的吉尼斯世界纪录！

2012年7月6日，景东县在占地面积约为82亩的三弦文化广场上，修建了一座21.73米高的具有景东彝族特色的大三弦雕塑，就已成功获得吉尼斯世界纪录认证。至此，景东县共成功申报了两个吉尼斯世界纪录。

在节日期间，景东县还举办了长臂猿国际学术研讨会，第二届中国土司制度与边疆社会国际学术研讨会等学术会议；举行无量山翻越挑战赛、花山攀岩大奖赛等体育赛事；此外，还有有趣的民间斗鸡、吃梨大赛、对歌大赛、扭扁担、爬滑竿等各种传统竞技活动。

小贴士

景东，除了风光秀美外，美食是吃货们不可错过的！来景东不要忘记了吃本地火腿、鲜香可口的黄鳝面、糖饼，还有晚间的各式烧烤！美味程度五颗星哦！走的时候，不要忘记了带点与佳人齐名的郝思嘉核桃乳。

雨果的话

狂欢是快乐的升华

我知道中国很多的节日，传统的、法定的、地方性的和人为的创造出来，但这些节日基本没有冠以狂欢的名称，而无量山狂欢节——至少在普洱是唯一的一个。

父亲曾经对我谈过一个问题，说汉民族受传统礼教的束缚，讲究礼数，很少放纵天性，除了古代记录的桑间濮上的情形外，就没有可以称得上狂欢的节日了。最多是在过去年代里，有的地方娶媳妇的时候，有三天不分老小的时刻，也不过就是可以说一

万人弹三弦

些平常不说的话、开一通类似黄段子的笑话而已。

而在少数民族中，至少在普洱的少数民族中，汉文化的礼教传统影响不多，加之他们能歌善舞，高兴了就又唱又跳的习俗，所以他们才能把快乐演绎得那么淋漓尽致。

在普洱，这样放纵天性的快乐比比皆是。

无量山狂欢节，虽然是在景东县举办，景东又是彝族自治县，但是这个节日没有冠以彝族的称谓，所以，这个节日是一个融入了普洱各民族的歌舞传统快乐天性的节日，抛开那些具体的节日项目不说，最重要的是节日间笼罩在所有参与者心间的那种释放快乐的心态。

狂欢是快乐的升华。快乐与普洱同在，也与你同在。

中国普洱茶马古道节

在醇香普洱中读懂岁月

追本溯源，普洱茶的根在宁洱，普洱茶文化的源也在宁洱。普洱茶因古普洱府而得名，经茶马古道而流传世界、名振天下。具有悠久历史文化的宁洱（在明代称“普洱”），雍正设府（称普洱府），乾隆置道，盐茶双璧，瑞贡京师，五洲享誉。千百年来，普洱茶在这里孕育、繁衍、成长。而普洱茶的根在宁洱，普洱茶的源在宁洱，普洱茶的魂也在宁洱。

宁洱是“普洱茶”的核心原产地和集散地之一，是古“普洱府”所在地，茶马古道的源头。千百年来，勤劳智慧的宁洱先民探索出了独特的普洱茶加工工艺，铸就了“普洱茶”这一驰名中

跳竹竿

外的历史品牌。从这里起源，通往全国、走向世界的五条茶马古道，把宁洱与世界紧紧相连，茶马交易的不仅仅是一种商品，更是一种文化的交流；它留给人们的不仅是一段记忆，更有一种宁洱先民铸就的不屈不挠的精神。这种精神已经内化为宁洱人民的集体记忆，人们迫切希望大力彰显普洱茶文化、弘扬茶马古道精神。于是，2010 年 10 月，首届中国普洱茶马古道节诞生在茶马古道的起点，从泛着历史沉香的古普洱府城走来，在节日的时空里，显示出独特的文化内涵。据了解，普洱茶马古道节将每两年左右举办一次。

据说在宁洱历史上就有“上九灯会”的传统，每到节日，新民街、东街、西街挂满了宫灯。元宵节时宁洱城内，家家户户的门前都悬挂上了工艺精巧，预示吉祥的“斗鸡灯”。人们无论男女、无论老幼、无论官民，都将这一年节视为最舒心、自由、欢愉的时节。首届普洱茶马古道节期间，万盏传统手工灯再次照亮古普洱府，让远逝的风情、久违的浪漫再度温暖了人们的心。

同时，在节日里，还举行了盛大的“千人竞走茶马古道”及“茶马古道保护签名仪式”。参加茶马古道节的嘉宾和近万名茶乡儿女共同在写有“保护茶马古道”的横幅上签名，表明保护茶马古道的决心。千人竞走茶马古道是茶马古道节的一个重要活动内容，通过走茶马古道，体验历史，感受一辈辈先行者的艰辛与无畏，并以此展现现代宁洱普洱茶文化、茶马古道文化的独特风貌。

看过环法自行车赛的人想必都觉得这种赛事很遥远吧？在茶马古道节上，也有和它性质相同的比赛，这就是——环普洱山自行车赛，这个活动的举办让人顿时觉得“古道有新意”，让人觉得这个本土的节日也办出了亮色。比赛中，只见数百名自行车赛的选手们怀着对圣山的景仰开始了环山行驶，在氤氲舒展的山岚中奋力争先，上万名观众随行助威。人在山下行，车随古道飞，头顶的蓝天白云、远处的万仞群山、不时掠过的青青茶园，以及正在崛起的崭新家园，让人心生缅怀、心生追忆，更让人心怀感恩。

当然，这个节日不能少了茶。节庆期间，由皇家贡茶制作传承人现场展示的普洱茶贡茶制作技艺和过程，吸引了众多嘉宾和观众前来一窥皇帝喝的茶是怎么制作的。

总之，游走在这个节日里，在欢乐之余，你能感受到的，是精彩是沉甸甸的历史。

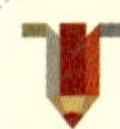

小贴士

茶马古道节以宁洱县政府确定的时间为主。来到宁洱，可以去看看一些文物古迹，同时，正宗的普洱茶，好吃的豆汤米干，鸡蛋糕、饵块等土特产是不容错过的！

雨果的话

茶也可以这样喝

既然宁洱是古普洱府的所在地，那么这里的茶文化肯定是有很久远的历史了。雨果曾经半懂不懂地读过茶圣陆羽的《茶经》，很纳闷那些冲泡方法的麻烦。后来，有人告诉我，自从宋代以后，茶就改紧压茶为散茶，那些繁杂的冲泡方法也与时俱进地改变了。可是由于普洱远离中原，加上运输等问题，茶还是以紧压茶为主，结果，那些古远的泡茶方法、包括工具茶具还完整地保留在这里，不过，这样一说话就长了，以后你有机会来普洱，还是自己去找一家茶庄领略一番，看那些泡茶的小妹熟练地使用着十八般兵器，变出一杯杯汤色透亮的普洱茶。

最近有一句广告词：——喝茶的都喝膏了。这里的膏，说的就是普洱茶膏。也就是我要说的普洱茶的另一种喝法。茶膏是熬制的，工艺不复杂，但是很费工夫，在过去的年代，茶膏是很多普洱人随身携带的物品，雨果曾经看过一份百年前的普洱茶膏的说明书，那些让我头疼的密密麻麻的繁体字的开头就是四个字——能治百病。当然，古人做广告也许会和今人一样夸大其词，不过茶膏的作用确实还是不少。

作为饮料，茶膏可以煮着喝，没有煮的条件，用开水冲着喝，还有人告诉我，他们曾经在没有开水的野外用山泉水慢慢化开了喝，也很爽。口腔溃烂，可以像仁丹一样口含，肠胃不适，也可以当药吞服。还能外用。总之，普洱茶膏是普洱茶的压缩版、精华版。当年，有一批普洱的青年要奔赴前线打日本鬼子，他们家乡的父老就特地熬制了一批普洱茶膏让他们带着上战场。由此你也可以想见茶膏的作用了。

和茶叶一样，茶膏和茶膏之间还是有很大的区别，雨果也不怎么懂，但很多普洱人懂，那就不妨来试一试这些精华版的普洱茶的味道。

另外，在宁洱县，还有不少普洱茶的糕点，有普洱茶蛋糕、雪片糕、小甜饼。和普通的糕点不一样的地方，是它们都是用普洱茶汁参与加工出来的，吃在口里，有糖的甜香，也有普洱茶特殊的醇厚滋味，那味道吃过就忘不了。还有一种茶糖，是糖与普洱茶的结合，苦中有甜，有人说，那就是普洱的味道。

县（区）主办节庆

思茅端午节药根传统饮食文化节

端午到 药根香

普洱人的端午节，风俗习惯和外地差不多，包粽子、吃咸鸭蛋。但是，在端午节把各种药根炖在一起，美其名曰“换肠肚”的做法，在中国乃至全世界恐怕都是绝无仅有的。我还曾在很多场合听到普洱人想把此项民俗“申遗”的想法。同时，在2013年的国际茶业大会暨第十三届中国普洱茶节上，作为活动中的一项亮点，思茅区还把各家“名吃”餐馆召集在一起，进行了思茅端午节药根传统饮食文化展示，可见“吃药根”在普洱人心中的地位。

每年端午节前的半个月，大街小巷都摆满了任人选购的挖自深山腹地的“药根根”，顾名思义就是许多可以入药的植物的根茎，这些野生的药根名目繁多，常见的有茴香根、小红参、鸡刺根、何首乌、满山香、白布……这些应端午时令而生，形色各异、疗效不一、应有尽有的药根根，组成了普洱独有的端午“药市”。

“草草就是药，一百种草就是一百种药。”端午前出现的“药市”热闹非凡，人们根据以往的喜好和家人的身体状况来“对症选药”。也不知源于何朝何代的风俗，端午节前，家家户户都要到药市采买数十种新鲜药根，储备着到端午的那天把采买的药根该去皮的去皮，该留芯的留芯，该要叶的要叶，一家人要忙上大半天，才能将这些“药根根”刮洗干净，准备煨炖。炖的用具非得是砂锅或铜锅；炖的汤料可不是清水白煮，通常要加入陈年火腿或是土鸡。悠火炖上小半日，到了下午，无论怎样的人家都会热闹地揭开锅，端上这家家飘香的端午盛宴——“药根根汤”。讲究的人家，盛汤的碗必然是细瓷土碗，相传这样才不致让药根的汤味走气，单是闻着便令人垂涎三尺，倘若挟着那黑的、白的、黄的、红的、五彩的药根，往口里一送，便不忍停下了。而汤的滋味如何呢？馥郁的药味混着肉香清浓相宜，原汁原味而回味绵长，实属汤中极品。而且尤能有病治病，没病补养，完全洋溢着温馨的家庭生活气息。

为何普洱人要在端午节吃药根？一个在民药所工作的老师曾经这样对我解释道：普洱地处热带、亚热带，进入雨季后，天气炎热潮湿，以前医疗条件不发达，人爱患病；而与此同时，这个季节各种药物正是生长旺季。利用中药，恰好能够达到洗肠、清肺、防病治病的目的，所以端午前后，当地人都爱煮药根吃。同时，他还告诉我说，普洱各民族千百年来对药根膳食均有不同程度的喜爱，他们的药根膳食知识具有地域特色，融合了汉、傣、拉祜等原住民的医药知识。普洱端午节膳食药根的常见种类共有计 38 种之多。

家家如此、代代相传的端午药根汤，如今已成为普洱传统文化的一个缩影。普洱人的端午，因有了端午的药根汤而活色生香，不吃药根汤就不算过真正的端午节。吃过唇齿留香的药根根，喝过温血补气的药根汤，再邀上亲朋好友，三五成群集结而行，城里的往乡下走，乡下的往城里走。据老人们说，装着肚里的药根汤，这样走一走，便能趋邪魔治百病，此行美其名曰“游百病”，游得越远，身体越棒。就此隆重的端午节才算拉上完整的幕帷。

雨果的话

端午的药根宴在普洱被称为美食一绝，集合了色、香、味，同时，还具有一定的保健的功效。也许“药根”在很多人的眼里充满苦涩。还有人会发出疑问，既然是“药”，怎么可能和美食画上等号？这些疑问，只有你尝一口小火慢炖的普洱药根汤之后，才能解开。那药根汤的鲜香以及各式药根的香甜，相信一定会让你大开眼界，一吃难忘。

长街卖药根

要想吃到最地道的药根汤，最好是到百姓家，每一家的味道都略微不同，而相同的，是鲜美的味道和浓浓的普洱情。当然，如果你不认识当地人，那也别着急，可以到思茅区的高家寨或者菩提箐农家乐饭馆比较集中的地方找一家店，点一碗药根汤，那也是一样的地道和美味。

江城三丫果节

深山的野果也有春天

江城的特产除了黄牛干巴以及茶叶外，还有一种奇特的水果——“三丫果”。何为“三丫果”？“三丫果”为江城盛产的一种野果，个头和桂圆差不多，外皮鲜红，因剥皮后可见三瓣果实而得名。它酸甜多汁，入口让人满口生津，唇齿留香。

“三江水三国地孕育三丫果，百姓节百姓过表达百姓情”。自2001年6月以来，江城开始举办“三丫果节”，让这以往隐藏在深山的野果成为了节庆活动的主角，让更多人爱上它的酸甜可口。

江城的国庆乡是盛产三丫果的地方，这里几乎每个角落都能看到红绿相间、挂满硕果的三丫果树。据当地人介绍，三丫果有紫色和白色两种，不仅酸甜可口，还蕴含丰富的氨基酸和维生素，可消食健胃，具有较高的经济价值和营养价值。自2011年以来，江城已经连续在国庆乡举办了四届三丫果节，充满乡土气息的节庆活动吸引了八方来客，也让这种曾经生长在深山里的独具特色的野果成了江城一张亮丽的名片。

每次“三丫果”节，国庆乡的村民们总会热情高涨地搭建舞台，载歌载舞，用自己的方式庆祝节日。有的把自家最得意的三

采摘三丫果

丫果带到活动现场参加比赛，有比味道的，也有比形状的。还有一些有创意的厨师把三丫果做成一道道美味的菜肴供游客品尝。雨果还曾看到一棵棵密密麻麻挂满果实的三丫果树和一串串红彤彤的三丫果成了摄影爱好者们的最佳“模特”，各种“长枪短炮”围着“三丫果”拍个不停，而把现场很多时尚美女“晾”在一边的场面。由此可见，这个小小的果子是有多么大的魅力。

所以，来到江城，三丫果，你是一定要尝尝的。

大芦山青菜节

一场青菜的“海选”

相关资料

每年年初青菜上市的时候，思茅区的大芦山总是会热闹非凡。当地人和外地人都为了一棵棵看来寻常的青菜而疯狂，认真地为这些青菜举行“海选”，最终选出最大最美的那棵青菜王，这项活动便是“大芦山青菜节”。

大芦山距离思茅城区约60公里，这里是典型的喀斯特地貌，冬日来到这里，你能看到高海拔的奇峰怪石在茫茫云海的映衬下形成了一道道别样的风景。

大芦山不仅风景美，同时，这里特殊的土壤和特殊的环境让在此生长的青菜不仅个头大，还口感俱佳，清香甘甜。据这里的村民介绍，青菜的生长周期一般需要4个月左右，单棵5公斤以上的青菜在这里一抓一大把，有些长得粗壮的青菜甚至个头会和一个成年人一样高。是不折不扣的天然绿色蔬菜。

2008年1月，大芦山举办了首次青菜节，以后的每一年，在青菜收获的1月份，这里照旧会举行热闹非凡的青菜节。

大芦山青菜节要看什么，当然就是主角青菜了。与别的海选现场不同，这些“选手们”不能开口尽其所能地表演献媚，只能默默地躺在地上等待评委的认真考核。只见一个个评委认真地观看着参赛的每一棵青菜，从重量、外观、长度等方面认真进行评选，最终选出来的青菜王不仅能为青菜的主人赢来荣誉，还能获得家电或者是现金奖励。而这棵青菜王还会成为爱心企业的竞拍物品，每一届的青菜王都能竞拍出让人咋舌的价格。但是，人们依旧乐呵呵地频频出价，只为一尝青菜王的绝妙滋味和奉献爱心。

除了主角青菜，青菜节上还会有以大芦山为题材的画展，精彩紧张的陀螺擂台赛，民族文化浓郁的“芦山之夜”歌舞狂欢活动以及访仙人洞观三台崖子云海等活动。

当然，青菜节也是“吃货”们的盛会。肉质鲜美的大芦山土鸡、香酥可口的生态干巴、鲜美的大青菜以及醉人的自烤酒等生态美食美酒，让人应接不暇，唇齿留香。

雨果的话

欣赏完相关图片，看完资料以后，雨果再来为你介绍下神奇的大芦山。

首先说一下大芦山，芦山是普洱市思茅区的一片茫茫山区，分大、小芦山。历史上那里是一片交通不便人烟稀少的不毛之地，特别是大芦山，连饮用水都非常稀缺、珍贵，一盆水要分成几用，洗碗刷锅的水都要收集起来喂动物、浇地。过去在普洱，小辈给

老人打洗脸水什么的，打少了，会受到老人斥责——你是大芦山来的吗？用点水都这么省。

因为这里与世隔绝，在过去年代里，很多无法在家乡生存的人，或躲债、逃婚、避祸、避仇，总之相继来到这里，在这严酷的环境中顽强地生存了下去。我的父亲向我介绍这个地方的时候，就文学地形容这里是“勇敢者生存的地方”。由于这里缺水，他们不但节约用水，还想尽办法用修水窖等方法收集每年的雨水；由于缺少土地，他们就利用石头修地埂，在山与山之间的洼地里，把土地精耕细作成了能保水保肥的海绵地。

青菜，是适合在这个地方种植的不多的蔬菜之一，经过多年的培养，这里的青菜也和大芦山人一样，学会了在恶劣环境中生存的法则，它们体型大，根扎得深，可以尽量的吸收水分和保持水分，甚至有人告诉我，这些青菜还能从早晨的雾气中吸收自己需要的水分。总之，大芦山人吃青菜，用它腌酸菜、晒干菜，都知道自己家的青菜不一样就是不一样，最后以它为主角办了一个节日，其实是对先辈顽强生存的一种纪念，一点也不令人感到奇怪。

雨果曾经在这里看到一个镜头：一位农民用一根竹棍一头挑了一棵青菜来参加评选。一个那天邀请来这里参加文艺演出的女孩，好奇地接过挑子要试一试，结果挑子在肩上，菜叶还拖在地上，而且不等摄影师拍完照片，她就显出了不胜菜力的样子，急得主办方的人大喊停下，叫不要把菜叶弄断，因为还没有称重和测量。

想知道青菜冠军有多大多重吗？还是自己亲自来看看吧。雨果可以透露一点，入围的选菜（不是选手），都在十公斤以上。没错，是十公斤以上。

大芦山的青菜节，是青菜们的盛会，是观赏美景，亲近自然的绝佳时机。看多了超男超女的海选，不妨换换口味，来看看土土的青菜“选秀”吧！

小贴士

每年年初，思茅区有关部门便会早早确定青菜节的日期公布。如果不知道，可以向旅游部门打听，届时，前往思茅城区的短途客运站便可乘车到大庐山，节日时会有相应的加班车。观云海、尝美食是大庐山青菜节的亮点，需要说明的是，今天的大芦山已经不是那么贫困和缺水，交通也非常便利，沿途都是柏油路面，自驾车去也是很好的选择，记得带上相机，穿上风衣，去看看青菜们是怎样“选秀”。

传统民族民间节庆

彝族火把节

光明中绽放快乐

农历六月二十四日的火把节，是彝家人最隆重、最盛大、最富有民族特征的节日。彝族是崇尚火的民族，以火为图腾，用火祭神，火是彝族追求光明的象征。

普洱的彝族很多，辖区内几乎都有分布，而有的县，彝族则是唯一的主体民族，如景东县，它的全称就叫“景东彝族自治县”。因此很多县(区)在这一节日里会举行各种热闹的活动，内容很多，真是又好玩又好看。而且还是一个消除灾祸、祈祷丰收、祝贺吉祥、宴请宾朋、健身强体诸多内容融为一体的盛大节日。

关于火把节的起源，有许多优美动听的传说。其中一则相传，在很古很古时，天王恩泽不愿让彝家过上好日子，忌妒生邪恶，派了一个大力士下凡到彝山，糟踏茂盛的庄稼。彝家人群情激愤，决心与大力士决一死战。此时，从人群中跳出一个叫包聪的小伙子，脱下羊皮褂，冲上前一把抓住大力士的脖子就摔跤。相持了三天三夜，最后包聪把大力士摔倒在地，大力士霎时变作一座秃山。天王恩泽见大力士失败，羞怒交加，往地上撒下了一把香面，刹那间变成无数害虫，妄图吃光地上的庄稼。聪明智慧的彝家人怎能眼睁睁地看着一年的辛苦落空，于是他们每人点燃一把火，把害虫一齐烧光，获得了一个金灿灿的秋天。但天王恩泽不甘心失败，到每年农历六月二十四这天，就放下害虫吃庄稼，于是彝家人也毫不留情地点燃火把，把害虫烧光。年来年往，相传成习，六月二十四就成了彝家人的传统佳节。

每到火把节，彝寨家家户户都要杀鸡宰羊，到田地里祭献。但仪式各地不同，有的在家里把祭品做好，才抬到田地里祭献；有的则是到田地里选好地盘，插上一枝青松毛，才动刀杀鸡，把鸡血滴在土地上，烧纸钱磕头祈求田公地母保佑粮食年年丰收。中午，用松木夹上松明子做几丈高的火把，并分别插在每块田地和家院场中心，等到夜幕降临才点燃。

入夜，人们首先点燃立在院场中心的火把，然后点燃一米长的小火把，背上香面，举着火把从家里往外走，并把香面一把一把地撒在火头上，让其轰燃四散，金星四迸，焰光一片，辉煌耀眼。而且边走边撒香面边喊："虱子虼蚤滚出去，乌鬼屁痨滚了去，金银财宝滚进来！"走出家门，到洋丝瓜棚底下撒香面："洋丝瓜给结了——结了！结了！"然后撒到家禽牲口圈上，撒到果树上，撒到庄稼上……并把插在田地中心的大火把点燃，霎时，火把散布于山乡田野，似无数星星闪烁。撒着撒着，村与村相聚，寨与寨串通，有时火把汇成一片，有时形成一条火龙。最后汇集到宽阔的大草场上，燃起熊熊篝火，照得黑夜如同白昼一样。人们弹起三弦，吹响芦笙，唱起歌，跳起舞，尽情欢庆丰收，欢庆节日，欢庆幸福。

火把节一般是延续三天，在这三天里，不仅有祭祀、祈福、宴请等，最精彩的莫过于撒香灰打火把仗狂欢了。

火把节的夜晚，身着盛装的彝族男女老少和四方宾客欢聚一堂点燃激情火把，互相追逐着去把别人的火把打灭，或把手中的香灰一把把洒向手拿火把的人，让他手中的火把顿时火光冲天。一时间，嬉戏声、笑声交织在一起，欢乐的氛围让每一个人沉醉。

撒火把狂欢活动结束后，人们还会围着熊熊燃烧的篝火一同

参加千人跳笙活动。大家会把之前的火把汇入熊熊燃烧的篝火堆上，火势更旺，照得半个天空通红。这时，各族同胞肩挨肩，手扣手，围着熊熊篝火，跳起欢快的三跺脚。所有人，都会沉醉在这个火一般奔放和热闹的节日里。

小贴士

火把节上最好玩的就是打火把仗了，但是，新手“玩家”要注意，不要穿新衣服和白衣服出来显摆，香灰什么的里面含有松香等易燃物，所以把它往火把上一撒，才会在瞬间爆发出一团火焰。但是它容易沾染在衣服上，还可能会把你的新衣服烧上几个芝麻一样的小点。另外，最好选择用香灰撒别人的火把，不为别的，怕你第一次抬火把被突如其来的袭击吓到，担心你HOLD不住。

雨果的话

关于彝族三弦和吉尼斯纪录

彝族是一个非常能歌善舞的民族，曾经有一个普洱的彝族干部这样对我说过，在他的彝族山乡，只要有酒，大家就会捧杯高歌，只要有节，大家更会聚集在一起又唱又跳，从月亮升起跳到太阳出。

他们的舞蹈叫跳歌或者跳笙，歌则多是热辣辣的山歌。

唱歌和跳舞需要伴奏，而彝族的民间歌舞中，使用得最多的乐器就是三弦。三弦分大三弦和小三弦，造型大同小异，有的简易、甚至粗糙；有的精致、华贵。但三根弦则是它们标准的制式。当然，跳舞的时候伴奏的乐器还是有很多种，有葫芦笙、笛子、四弦（月琴），在一些山寨，也有吹着口琴唱歌跳舞的。不过，节奏强烈的三弦显然是这种场合当中的王子。在景东彝族自治县就曾经出现过8千多人一起弹响三弦的壮观场面，所以当地流传着这样的话：——三弦一弹脚就痒、调子一唱心就想。其快乐之状由此可以想见。

关于三弦，我想诸位见过的多了，舞台上的，包括现实中的，但是，你们可能不知道，世界最大的三弦到底有多大，雨果告诉你，——高21米、长24米、宽13米，就坐落在景东县的三弦文化广场，但可惜它只是一件钢铸的三弦雕塑，弹不响的。不过，这个三弦雕塑却是吉尼斯官方认可的“最大型的三弦雕塑”吉尼斯世界纪录。如果你有机会来到这里，不妨花一点时间走到雕塑下面，或者欣赏一下它的造型，或者拍张图片发发微博和微信，用心体验一下这件陪着彝族人走过了漫长岁月的乐器，感受一下曾经从它的弦线上流淌出来的那些快乐。

雨果的话

景东彝族的“跳秋歌”

普洱的景东等县的彝族有“跳秋歌”的习俗，时间是在每年的立秋，为期三天，和火把节的时间相距不远，那是一个充满快乐甚至有一点狂欢性质的活动。

跳秋歌的歌场一般设在宽阔的草皮地上，首先我要介绍的是集市，山民们在此交流传统的农副特产，这是生产生活中的实际需要。其次，这里既是歌场又可以进行千余人的集体舞蹈，更为年轻人谈情说爱的交际场所，很多的年轻人就是通过跳秋歌结成了伴侣，白头偕老。

例如景东花山镇的跳秋歌，是同类活动中规模比较大的一处，每到立秋，人们穿着节日盛装，怀着喜悦和期待的心情，从四面八方聚集到传统的地点，一面进行物资交流，互通有无，搞活经济。同时，又进行娱乐、欢庆丰收，人们在宽阔的草皮地上尽情地跳、尽情地唱，不分白天黑夜，整整三天三夜，才恋恋不舍地离去，然后相约着来年的立秋再快乐地相会。

跳秋歌的场面很大、很壮观，特别是到了晚上，黑压压的一片人群，上千人又唱又跳，那气势，仿佛全世界的人都被他们带动起来了，歌声冲天、舞步震地。在跳歌场上，有的在唱盘曲，一问一答，你唱我和，少则对半天，多则几天几夜；有的对山歌，一般是男女相对，互相出题，各不相让。当然，充当歌场主要角色的，还是那些互对情歌的年轻人，互诉衷肠、表达爱慕。——据说有的是上一年跳秋歌的时候就相识的了，唱着唱着，他们一对对悄悄离开歌场，隐入了夜色中。

雨果顺便告诉你，“秋”字在普洱方言中可不是一个好词，比如瓜果没有长大就萎缩不长、或者掉落，这种现象普洱人叫“秋”，“秋掉了”。所以，彝族人认为立秋那天不能去碰庄稼，否则庄稼会“秋”，因此，他们就在立秋的那几天离开庄稼地，尽情歌舞娱乐。是不是这样，雨果不知道，但立秋之后就应该是繁忙的秋收，也许，他们是在为即将来到的好收成而歌舞。

今年的立秋，雨果会找一个机会去观摩跳秋歌，你们也会来吗？记住关键词：景东县、彝族、立秋，还有快乐。

哈尼十月年节

哈尼人的过大年

哈尼族信奉“万物有灵”的原始自然宗教，其节日主要与自然崇拜、生活习俗有关 。主要节日有十月年、祭母节、祭竜节。十月年，哈尼语称“美首扎勒特”或“米索扎”。时间从夏历十月第一个属龙日开始， 直至属猴日结束，历时五六天，是哈尼族一年中最长，内容最丰富的节日，类似汉族的春节。

在普洱，很多地方都过十月年。而雨果觉得比较有特色的是墨江的哈尼族十月年。

哈尼族卡多支系

在墨江龙坝乡勐里村，新年的第一天，天一放亮，哈尼族寨中里的孩子们就一起邀约跑到寨外，采摘一种叫“哈捌”的灌木树枝，摇摆着树枝走回寨里交给大人。同时，家庭主妇则在火塘旁捏汤圆、煮汤圆。这天早上煮的汤圆每个人至少要吃上四个，寓意全家人春夏秋冬和和睦睦、团团圆圆。汤圆还是新年第一天祭祀各种神灵仪式中不能缺少的供品。圆润香甜的汤圆是人神皆喜的。

“阿皮”（奶奶）抑或家庭主妇们还需装扮一新，一手拿着一个瓢，另一手拿着一个小罐或水瓶，到水池或水井边采摘一种叫“鱼车车奴”的草，采到草后，就争先恐后地到水井或水池里接一年中的第一滴新水。接到新水后，回到家里，迫不及待地把新水倒入水缸里，倒入正在火塘上煮汤圆的锅里，倒入挂在家门口墙上的哈巴中。这哈巴是用一端带有节的一节竹筒做成的，一边戳一个洞，用绳子挂在墙上。新水加入哈巴后，再往竹筒中投进哈尼族最重要的五谷，即稻谷、苞谷、麦、高粱、荞，然后把鱼车车奴和哈捌树枝插进去。据说，哈尼族的最高天神摩咪每年都要派出司管农业的威嘴和石批两位大神到哈尼山乡巡查农耕生产情况，节日的时候，每个哈尼山寨都要立秋千迎接这两位大神到寨子里和哈尼族人民欢度佳节。传说这两位大神是骑着神马从秋千上来到人间的，挂在门口的哈巴就是这两位大神拴马的地方。只要哈尼族在门口挂出新的哈巴，两位天神就知道节令已经到了新旧年交替之时，也到了他们该回天上向摩咪复命的时候了。

在历史上，哈尼族社会是由竜头（头人）、摩批、工匠共同管理的。社会发展到今天，因为各种生产生活工具随时可以在市场上购买，加之城乡市场繁荣，工匠的作用就显得不那么重要了，这在各种节日活动和日常的村寨管理中就充分体现出来了。现在哈尼族村寨中，竜头和摩批是两位不可或缺的人物，不仅在节日期间具有十分重要的地位，在平日里也是村庄里的核心人物。辞旧迎新，最繁忙的是寨中的竜头和摩批，他们都是哈尼族历史文化的传承者。当每家每户都挂出哈巴后，竜头就要立即举行一个仪式，以规劝、恫吓、警告那些不干不净的鬼怪、邪魔远离村庄，祈祷全寨人畜安康、风调雨顺、五谷丰登、人丁兴旺。这个阻拦邪恶和祈福的仪式，用一个米筛作为祭台，筛里放有一碗茶、一碗汤圆、一碗酒、三双筷子、一撮烟丝，在竜头家门口用三个石头搭一个简单的便灶，混合米和鸡蛋，煮熟放到祭台上，竜头背靠门坐在祭台前念诵经文，经文毕，把祭台上的物品泼到下方，就表示把一切不干不净的邪魔和鬼怪给阻拦和驱走了。

竜头在举行阻拦邪恶仪式的时候，寨中开始杀年猪，摩批家先杀，而后摩批要前往每家每户杀猪，只有摩批或者受摩批授权的人才能杀猪。把猪按翻在地后，先用绳子扎住猪嘴，而后用一个米筛装一碗茶、一碗酒、一碗汤圆祭祀猪神后才能杀猪。杀好猪后，摩批还要去每家每户用猪肝进行占卜，所卜的内容丰富多彩，充满想象。随后要用猪头加上茶水、酒、汤圆等物品由家庭中的老者或家庭主妇祭祀阿部兜兜（先祖神位）。阿部兜兜是用竹篾或木板制成的神圣之物，静静地安放在每家房屋左间东南方向的墙壁上，是绝不示外人的，在节日或各种重要活动时，都要对此举行祭祀。不忘先祖的民族才能成为有源之民族，才能传承和弘扬本民族独具特色的文化。有的阿部兜兜制作极为精美，在它的周围悬垂着稻穗等五谷和挂着许多盛有五谷种子的竹筒，哈尼人认为这些竹筒其实就是粮魂栖息之地。

午饭后，寨中的男青年和小孩子们自告奋勇地分成两组，一

组负责去砍做秋千架的竹子，一定要砍寨子中长得最粗最直的竹子，一共要砍伐七棵，其中一定要有一棵是甜竹子；另一组则到山野箐沟砍来专门用于编织秋千架的野藤子。人们把竹子和藤子抬运到寨中的秋千场上，测量好秋千的高度，七手八脚开始把各三棵竹子的梢部编织在一起。那棵甜竹一定要放在东南方向的下方。人们兴高采烈、齐心协力把秋千竖起来，然后开始敲响竜鼓，呼唤竜头前来秋千场。在竜鼓声中，竜头在寨中人的簇拥下，端着一桌丰盛的菜肴和美酒来到秋千场，把菜肴安放在那棵甜竹下，开始举行迎接威嘴和石批的仪式。传说里，威嘴和石批两位天神在哈尼族村寨度过为期五天的大年，最后人们举行撤除秋千的仪式，送两位大神回天上。在哈尼族村寨，过年结束是一定要撤除秋千的，否则威嘴和石批回不了天上，会赖在人间，摩咪会怪罪下来。

寨中的老人也都来到秋千场，团团地围在那棵甜竹下。竜头用某种叶子包裹已经煮熟的汤圆、猪肝等食品，用彩色的绒线把秋千板拴在甜竹竿上，然后坐在一侧，念诵迎接威嘴和石批的经文，告诉两位神灵不要跟着风、水、火、雹、霜、露和一切不好的事物回到哈尼村庄，而是要从秋千上回到哈尼村庄。祭祀后，从竹竿上解下秋千板，让其前后各荡三下。而后竜头上到秋千上荡三下、摩批上去荡三下，再把秋千板拴在竹竿上。这时，有人端来汤圆，竜头从碗里每次捡三颗汤圆，分别从上方丢三次，下方丢三次。在他丢汤圆的时候，寨中的年轻人们蜂拥而上，抢夺竜头抛丢的汤圆。抢到汤圆的人立即返回家里，准备一桌饭菜、美酒及无数的鞭炮抬到秋千场，开始埡展展（长街宴），用好菜、美酒敬奉老人，供小孩子燃放鞭炮取乐。

人们在鞭炮声中，把铓、鼓擂得震天响，男男女女、老老少少，甩开脚步，在秋千场上跳起了舞蹈，人们一面跳一面相互敬酒，互相取乐。铓声、鼓声、鞭炮声、吆喝声响彻云霄。

雨果的话

选择什么样的节日、选择什么样的祭祀其实就是选择什么样的生活和人生的过程。所以，节日和祭祀往往就是一个民族展示和传承文化的核心载体。哈尼族的十月年，是一个承袭了千年哈尼族文化的节日盛典。期间举行的祭祀纷呈繁杂，其包含的内容涉及民族的历史、迁徙、神话传说、人物传奇、农耕技艺、宗教心理、伦理道德等方方面面，沉淀着极为恢宏厚重的哈尼族文化。哈尼“十月年”为大年，这时正是大春上场、厩中猪肥的时节，杀猪宰牛摆长街宴，男女老少穿着新装，亲友们互相走访，这是哈尼人民最盛大的节日，如果你想体验别样的哈尼过大年，那么每年的 10～11 月间，请到普洱，这里的墨江、镇沅、宁洱、江城等地的哈尼族同胞等你来一起庆祝。

布朗山康茶祖节

神圣中的美好

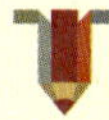

相关资料

茶，它与布朗族人家有着深厚的感情，每年，布朗族人都会举行祭茶祖的活动。

布朗族是世界上最早种茶的民族，茶与布朗人的生活有着密切的联系，茶是款待贵客嘉宾的必备饮料，是馈赠亲友的重要礼品，是敬神祭祖的供物。

据介绍，布朗族先民有一个能文善武的首领帕哎冷，他率领族人在征服异族部落时频频胜利、屡立战功。后来，帕哎冷不幸被奸人所害。他死后依然惦念着自己的部族，在离世当晚，帕哎冷托梦给芒景汪弄的族人说：“我要给你们留下最好的宝！我想给你们留下金银财宝你们也会吃光用光，要给你们留下牛马也怕会遭自然灾害死光，就给你们留下一块‘玉’（肥沃的土地）和茶树吧！人家村子烂了，你们也永远不会烂，你们在我的火塘下面土地上繁衍生息壮大。”族人问他：“以后我们怎样来报答（供）你呢？”帕哎冷回

答说："我没什么其他的要求，只要你们沿着我开始的路线，站稳脚跟，一步一步地，一代一代地走下去，每隔三年杀一头老水牛、杀一只鸽子为我祭拜就行了，我会在九泉之下保佑你们平安无事安康生活。"……从此，澜沧县惠民乡芒景村的"汪弄"人就按照帕哎冷的遗训祭供帕哎冷，这就是傣历六月下旬布朗族山康茶祖节的来历。

后来，布朗人精心呵护这些绿油油的小树苗，并在澜沧江流域大规模垦植。布朗族还有一首民谣专门歌颂帕哎冷，歌词大意唱道："帕哎冷是我们的英雄，帕哎冷是我们的祖先，是他给我们留下了竹棚茶树，是他给我们留下了生存的支柱。"每年农历六月初七，布朗族都要在一棵大茶树下祭祀茶祖帕哎冷。

说到布朗人与茶的渊源，用"千百年"来形容却是恰如其分的。澜沧拉祜族自治县惠民乡景迈和芒景，那里主要生活着傣族和布朗族，其中布朗族认为，那里的祖先帕哎冷，在1800年前，就开始种普洱茶，并一代代传了下来，至今，普洱茶叶都是当地重要的经济收入源，为感谢先人留下的宝贵遗产，每年4月份均举办山康茶祖节，且每隔三年一大庆。活动前，会有两个带着面罩的男子进行舞蹈，据说，他们是天神派下来明察暗访谁坏谁好的神，能够保护好人，惩罚坏人。

山康节是布朗族最盛大的节日，对于布朗族而言，其意义和重视程度不亚于汉族的春节。山康节每年傣历六月中旬在澜沧县惠民乡芒景举行，节庆时间一般为三天。

山康节有三大重要活动——献水、献沙和献饭。

日出之前，布朗人就要到寨子外祖宗选定的7个泉水眼中取回祭祀所需要的圣水，洁净的河沙象征五谷人畜的兴旺发达，祖先业绩的伟大父母养育之恩的无限，米饭则寓意着幸福、丰盛。

一般在民族地区一些重要的祭祀活动都是用炮声来庄严宣告开始，但现在已不多见，可是，在芒景至今还保留着这一古老的传统方式。炮声响起，是通知各村派来的代表去寨子外面的7个泉水眼取水，用来作为当天一早的献水祭祀之用。

第一天，家家户户会开始大扫除，杀猪宰牛，做"厄糯索"，也称"黄粑"，是节日期间用来祭祀和馈赠亲友的必备礼品。这一天早上，各家的晚辈要把自己做得最好的饭菜送到老人跟前，并跪请老人吃饭，祝福老人健康长寿。同时，伸出双手接受老人的祝福。

第二天，是最热闹的一天，会举行盛大的祭祀仪式、歌舞比赛和泼水狂欢等活动。三声炮响之后，各村寨的代表便去接新水。接回来的新水要煮成草药水拿去洗佛像。

洗过之水将被大家拿回家给老人小孩洗脸，图个吉祥如意。接着便是献水、献沙、献饭、扶树祭祀祖先等活动。

山康节最热闹的就是歌舞比赛和泼水狂欢，人们身着节日盛装，涌向舞场，路边人群向他们泼洒自制除邪草药水或清水以示祝福。

说山康节和茶叶有关，是因为在节日的第三天，人们要进山拜山神、祖先，祭奠茶祖“帕哎冷”。在布朗族寨子，客人若前往观看祭茶祖活动，热情的布朗族妇女们载歌载舞夹道欢迎。祭祀前，在供桌上放上芭蕉叶，然后上面再放上米饭、鸡肉、茶叶，这些是敬奉给先人吃的。仪式由德高望重的老人主持。一名布朗妇女，三鞠躬后，献上干茶。之后，老人念经文。妇女、孩子等围着招魂台，分别在四个角的竹筐里献上米饭，然后将一些钱放入招魂台正中间的竹筐里，并祈求仙人保佑，能够身体健康，茶叶等作物丰收。献好东西后，他们点上蜡条，双手合十，虔诚地进行祭拜。祭拜祭祀，大家围着招魂台，载歌载舞。

按布朗人风俗，敬茶很有讲究，不论什么茶，敬茶都要从老人和父母敬起，双手奉上，以示尊敬。布朗族对于茶的吃法和喝法也可谓是五花八门，有吃酸茶、喝烤茶、喝清竹茶等，他们和茶的情谊可谓密不可分。

每年四月，如果你爱茶，如果你想喝别具特色的茶，请到澜沧景迈—芒景茶山。

雨果的话

螃蟹脚，古茶树上的奇迹

普洱市澜沧县的景迈一芒景茶山，是一片万亩千年古茶林，根据记载，这片茶园是傣历五十七年种植的，那大约是汉朝的时候，到现在已经有一千三百多年的历史了。这片茶园的一边住着傣族，一边住着布朗族，所以合起来称作景迈一芒景茶山或者古茶林。雨果要提醒你的是，这片古茶林是人类种植茶叶的活的纪念馆，是我们这个星球上唯一留存的一颗硕果，这样的地方，你可以不来吗？

想知道一千多年的古茶树上的茶叶是什么味道？雨果作为普洱人，近水楼台先得月地喝了不少，那些所谓回甘、霸气什么的不太懂，只感到好喝，当然也有喝多了一晚上都睡不着的时候。当年，中华人民共和国刚成立的时候，这儿的民族头人苏里亚应邀到首都北京参加国庆观礼，他们就从古茶园采来了最好的茶叶精心加工，带到了北京送给伟大领袖毛主席。如果你想知道他们是从哪几棵树上采的茶叶，还是亲自来这里问一问茶山的布朗人吧。

景迈一芒景古茶园的茶树上还有一样堪称奇迹的植物，那就是螃蟹脚，这是一种节肢状的寄生植物，有点像螃蟹的脚，所以叫它螃蟹脚。奇怪的是，这种东西只有这片茶山而且是这片千年的古茶树上才有。因为颜色和茶叶一样，过去有人把它像茶叶一样泡着喝，还有人把它当作天然的商标放进茶叶证明是景迈一芒景的产品。后来发现它还有很多的功效，于是身价大增。

这种说法，还没有正式的公布。但如果你来到景迈一芒景古茶园，亲自发现一枝小小的螃蟹脚，那应该是一件很快乐的事。——不过，告诉你，有人瞪大着眼睛就是看不见这小小的寄生物，不信自己试试看，来和当地人比比眼力。

畣皅节

苦聪人的狂欢节

相关资料

镇沅县的哀牢山一带居住着15100人左右拉祜族支系的苦聪人，他们在每年农历二月初八隆重祭祀“畣皅节”。畣皅节（苦聪语），汉语称祭竜节。畣皅节，苦聪语言的完整语句是：畣皅阔畣门。其意是：万物更新换新年，预示着万物蒙新，一切从头开始。

在苦聪人的传说中，是天神厄沙么下凡造就了人类和人间万物。传说厄沙么从天宫选来一棵树栽在凡间，经过九十九年了还长不出树叶来，树上只有藤条缠绕，藤上长出的一个大葫芦也没有枝叶，厄沙么感到很惊奇。一天早上，厄沙么用自己的洗脸水浇在那棵大树的根上，突然间一阵大风刮起，黑天暗地，下起大雨，整个凡间洪水滔天，一片汪洋大海，藤条和葫芦缠着那棵大树随水漂起。不知过了多少年后，洪水降了，藤条和葫芦缠着的那棵大树又随水落在地上。当厄沙么用水去浇那棵大树时，听到葫芦里传出声音来，厄沙么想打开葫芦看一看，里面是什么东西的时候，那棵大树突然断了枝。树枝摔在地上变成一只大老鼠，跑到葫芦下面将葫芦咬通，葫芦里钻出两兄妹来，男的叫扎迪，女的叫娜迪，从此凡间才有了人类。因为有了大树、葫芦和老鼠，才有葫芦两兄妹，也才有今天的苦聪人。为了纪念造就苦聪人的天神厄沙么，他们将每年农历二月八日确定为纪念日，即："畲皑节"或"祭竜节"。

畲皑节是苦聪人群众性的祭祀文化活动。每年农历二月八日这天，除本寨人外，还有从四面八方来的客人，大家汇集在寨子旁的大树下举行节日活动，整个苦聪山寨充满着节日的气氛。

苦聪人过畲皑节，每户至少要参加一人，各带一只鸡、一碗米和一些白酒。节日仪式由"竜头"主持，先念经祈求全寨人在新的一年里，风调雨顺、五谷丰登、六畜兴旺，然后煮鸡肉稀饭大家共吃一餐，吃不完的肉，各分一点，带给家里人享用。

过完畲皑节，接着选举下一年的竜头。选举竜头时，场面比较壮观，通常用一口大铁锅装满水，用三根鸡毛分别插在老鼠的鼻子和两个耳朵上，形如梅花，再用一个葫芦钻通一个洞口，把老鼠放进葫芦里，鼠头向外，将葫芦置于大铁锅里，用一双竹筷搅动锅里的水，参加选举的人围着铁锅观看，待葫芦在锅里稳定后，鼠头对准谁，谁就是下一年的竜头。节日晚上，还要在老竜头家举行新老竜

头移交仪式。竜头移交仪式也很隆重，一般由全寨人出力帮忙，在老竜头家搭起绿叶棚子，摆上宴席，大家围桌饮酒，歌舞祝贺新老竜头。

在这个节日里，看苦聪人神秘的祭祀仪式，看他们的树皮衣服，品尝苦聪美食，何乐而不为呢？

雨果的话

小三弦的忧伤和欢乐

关于苦聪人，雨果几乎没有话可说了。雨果只知道，这个支系的同胞，历史上很苦很苦，住深山、树叶棚子、穿树皮衣服，被认为是野人。他们的发展也非常缓慢，几乎要被历史甩下。现在，在政府和其他民族同胞的支持下，他们迁进了新居，从深山迁到了有田地的所在，现代生活中必不可少的电视什么的也走进了他们的生活。孩子也有了好的学习环境，他们的明天一片光明。

雨果曾经在寨子里听过一次他们小三弦的齐奏，四五个苦聪汉子一同拨动了手中的小三弦，旋律有点像那首《小河淌水》民歌的调子，但却充满了忧伤，连我这不怎么懂音乐的人也听出来了。但是，现在你再去听，听到的却是一片欢乐和希望。

愿希望与快乐与他们同在。

传统民族民间节庆

哈尼“苦扎扎”节

天神合一的佳节

相关资料

哈尼族的节日——六月年，哈尼语称为“苦扎扎”节，在每年农历六月中旬举行。是哈尼人民盛大的传统节日，犹如汉族过春节一样热闹隆重。节日里，哈尼山寨到处洋溢着欢乐的氛围。人们穿上五彩缤纷的节日盛装，成群结队地相聚到磨秋场，打磨秋戏耍娱乐，欢度节日。

传说古代哈尼人烧山开田，得罪了众野兽。野兽上告天神，说哈尼人毁其家园。聋子神乌麽偏听偏信，罚哈尼

人农历六月稻谷扬花时杀人为祭。哈尼人痛苦不堪，阿匹梅烟天神教哈尼人在农历六月二十四日打磨秋。众野兽看见哈尼人在磨秋上飞悬高喊，以为是天神加重对哈尼人的惩罚，把哈尼人一个个吊在空中打。于是请乌麼免除了哈尼人杀人为祭的惩罚。为感谢阿匹梅烟天神，哈尼人举行苦扎扎，祭天神，并请天神到人间与哈尼人共度佳节。

节日最热闹的地方是磨秋场。按照哈尼人的规矩，磨秋杆必须是黑夜砍好后，小伙子们在黎明前扛回来。他们一路唱着山歌，把用坚硬结实的木头做成的秋杆抬到寨边的秋场，将一根木头栽进土里，顶端削细当轴心，然后再把长长的横杆从中间凿凹，架在上面。两边的横杆长短要一样，还要削得滑溜溜的，以免划伤手。下午，穿着绚丽服装的哈尼人摩肩接踵地聚到了磨秋场，按照哈尼人尊老敬长的传统习惯，先由几个德高望重的老者“开秋”，他们象征性地甩了几圈以后，一对对、一双双的小伙子们、姑娘们轮流上去转。打磨秋是一项哈尼人充满情趣的体育活动，它要求磨秋两边的人数要对等，骑坐的人用脚蹬地面，时而飞速旋转，时而升降起伏，反复转动，悠悠荡荡。甩秋人的速度越来越快，围观的人也显得更加开心，人群不时发出“哦嗬嗬，哦嗬嗬”的呼喊声，为其加油助兴，气氛十分热烈。那些艺高胆大、身手不凡的小伙子，往往成了姑娘们爱慕的对象。

夕阳西下，磨秋场上响起了一排清脆的枪声，通知人们前来唱歌跳舞，那些躲到树林里谈情说爱的青年男女成双成对的聚拢来了，老人和孩子也聚拢来了。老人们围坐在场上喝酒取乐，孩子们追逐戏耍，青年人则围成圈子，跳起了扇子舞、竹棍舞。锣鼓声、琴弦声、欢呼声交织在一起，在群山间回荡，一个不眠的狂欢之夜开始了。

雨果的话

墨江太阳广场和北回归线标志园

提到普洱的哈尼族，就会提起墨江县；而提起墨江县，就又会提到县城的太阳广场和北回归线标志园。

墨江有一个奇特的现象，就是北回归线刚好从县城中间穿过。几百年前在这儿建立县城的那些人是不知道地球上还有这么一条分界线的，这只能属于一种巧合，这种巧合，给这个县城的后来发展带来了许多的故事。我的父亲曾经写过一篇叫《北回归线之城》的小说，其中写到一个大院子，里面的孩子有的很热情爽快，有的则做事前怕狼后怕虎的，父亲说这是因为北回归线把院子分成了两半，所以住在热带的和住在温带的人性格就不相同了。当然这只是文学的虚构，事实上不是这样，不过还是一种很有特色

我们有一个家 双胞之家 www.twinshome.gov.cn
云南 墨江
北回归线
THE TROPIC OF CANCER

的成功虚构。

北标园小景

这样，县城的发展就围绕着一个相关的主题发展了。

雨果要推荐的是县城中的太阳广场，广场把实际中不能完全看见的太阳系形象地按比例摆在了人们面前，你可以从一颗星球走到另一颗星球，发现地球并不大。然后世界很多地方古代用太阳来测算时间、季节的仪器也穿越时空来到了这里。太阳的照耀下，在那高大的日晷面前，有人按照底座上的说明和换算公式，在计算着时间，想不到一个不怎么大的广场，居然给了人这么多的直观的天文知识。

广场西边的山上就是北回归线标志园，这是一个集天文科普、民族文化、园林艺术为一体的公园，经过多年的逐步修建，已经有了一定的规模。其中，不得不提到的就是那条鲜明地嵌在地上的北回归线了。有不少的游客来到这里，就喜欢脚跨温热两带，来一张到此一游的留影。

雨果想提醒的是，每年夏至那天，有那么一个短暂的时间，阳光直射在北回归线上，如果你站在这条线上，就会出现人立日下而无影的现象，因此有不少的本地人和外来游客就追逐着这个日子快乐地来到这里，体验着这奇妙的一刻。

雨果读过一些谈鬼的文学作品，里面说鬼是照不出影子的，那么，那一刻站在北回归线上的朋友——啊、啊，你们都成仙了。

苗族花山节

共庆苗族新生活

普洱苗族人口随着异地移民的大量迁入而逐年增加，主要集中在思茅区等地。2008年正月初二，苗族人口最集中的思茅区倚象镇云盘山举办了规模较大的庆祝花山节系列活动。从那以后，每年5~6月间，思茅区倚象镇定期举办苗族花山节庆祝活动。让这些从外地迁移来的少数民族有了场所庆祝节日，也让其他的少数民族同胞领略到了苗族“花山节”的魅力。

“花山节”也叫“踩花山”，是苗族人民的传统节日。花山节当天，“花山节”的举办者会在山上立一根花杆，前来参加节日活动的人们围在花杆下，进行祭花杆、唱古歌、爬花杆比赛、跳芦笙舞、武术表演、斗牛、对唱山歌等活动。

同时，一年一度的花山节也是苗族青年男女寻觅知音的节日，节日这天，周围及远道赶来的青年男女身着盛装，在人海中“海选”出自己喜爱的对象，通过相互了解，如果彼此有意，双方就会离开会场，另寻别处详细交谈。如果情投意合，双方则会互赠礼品，并约定下次见面的时间和地点。

传说，过去苗族先民部落遭到外族部落的入侵，苗族民众在首领蚩尤的带领下奋起反抗，终因寡不敌众战败，苗族民众被迫

四处流落。为了招集自己的民众，苗族首领蚩尤在山上竖起花杆，让芦笙手吹响芦笙。苗族民众听到熟悉的笙声后，纷纷从四面八方汇聚到花杆下，开始重新生活。从此，苗族人民就在每年的这一天举行“花山节”，以纪念苗族首领蚩尤，庆贺苗族人民重建新生活。

现在，“花山节”已成为苗族人民与其他各族人民交往交流的重要活动。每逢“花山节”，各族群众从四面八方汇集到节日会场，进行文艺表演，开展各种经贸活动。“花山节”已经成为苗族重要的节日文化遗产。

雨果的话

苗族，在普洱大多是近年从昭通等地迁移而来的移民。在普洱，他们在新的地方开始新的生活，也把他们的文化带到了普洱。近年来，倚象镇一个叫做原生态茶海苗族合唱团的团体频频在民族文化旅游节以及普洱国际乡村音乐节等节庆活动中放歌，让很多人被他们的歌声打动，原来，普洱也有不输给“小水井”组合的苗族歌手，原来，苗族的音乐是那么动听。当然，要深入了解这一民族，我觉得还是通过参加“花山节”庆祝活动最好。要加入的话，记得每年5~6月间，来思茅区倚象镇。

传统民族民间节庆

傈僳"阔时节"

红红火火度新年

思茅区倚象镇踏清河村是一个跨州市易地扶贫开发移民村。10 年前，以主要来自怒江州泸水县的傈僳族同胞搬迁到了倚象镇一条名叫踏清河的两岸开始了新的生活。也把他们的风俗带到了这里。

这里的傈僳族节日众多，规模较大的有"阔时节""新米节""刀杆节""火把节""收获节""澡塘会""拉歌节""射弩会"等。"阔时节"，亦作"盍什节"。"阔时"是傈僳语音译，"岁首""新年"之意。是傈僳族最隆重的传统节日。因过去多以对物候的观察来决定日期，故各地没有统一、确定的节期。踏清河村的傈僳族则一般多在公历 12 月下旬至第二年 1 月举行"阔时节"庆祝活动。

节日期间，一般都要酿制水酒、杀鸡宰猪、舂粑粑，准备各种丰盛的食品。还要采折与全家男人人数相同的松树枝插在门口，

寓寄祛疾除病，幸福吉祥。同汉族的习俗一样，除夕之夜要吃团圆饭。即使有人身在他乡，家人也要为他留出席位、摆设碗筷。有的地方，从除夕开始，禁止到别人家里去，即使是分了家的父子兄弟也不能往来。直到初三后才解除限制，多数地方从初一开始，人们便聚集在晒场或开阔地，开展对歌、跳舞、荡秋千、射弩比赛等丰富多彩的文体娱乐活动。

有趣的是，过阔时节时，傈僳族同胞谁家舂出的第一块粑粑都会先拿给狗吃。据说，这是为了感谢狗“给人间带来粮种”。傈僳族民间流传着不少狗与粮种的传说，如其中一则说，古代人类浪费粮食惊人，天神知道后大怒，下令将所有粮食收回天庭。人类面临灭顶之灾。在此危难时刻，一只狗奋不顾身，顺杆爬上天宫偷来粮种，拯救了人类。

雨果的话

随着时间的推移，从泸水县搬迁来普洱踏清河的广大傈僳族同胞日益融进了这片热土，完全把这里当作自己的家园进行耕耘，并在延续独有的民族风俗和宗教信仰的同时，与当地各族群众加大了沟通和交流，逐渐形成了相互相依、和谐的生产生活关系。如今，傈僳族同胞和当地群众犹如兄弟姐妹，农忙时节、碰到什么困难都相互帮忙，过年过节、讨亲嫁女相互往来、共同庆贺；而在生产生活和语言文化的深入交流和融合中，当地群众与移民群众相互成亲日趋增多。说了这么多，若你要想看看普洱傈僳族的风情，还是每年的十二月来到这里，看傈僳风情，看多元文化的和谐交融。

传统民族民间节庆

扩塔节

热闹的拉祜族大年

相关资料

扩塔节即拉祜族的年节。据说拉祜族的历法是向汉族学习的，因此扩塔节与春节时间相同，农历正月初一是大年，正月十五为小年。过大年从“年三十至初四”，共五天。“年三十”这天，家家蒸糯米饭、春糍粑，要揉几块小糍粑，分别放在刀、斧、锄、犁铧等农具上，感谢它们在生产劳动中给人们的帮助。各户要带上糍粑、猎枪和弓弩到指定的树林里祭山神，祈求山神保佑。

扩塔节上最好玩的莫过于“抢新水”了！初一凌晨，各家少女都会去抢接“抢新水”。少女们抬着竹筒争先恐后到泉水边抢新水。拉祜族把新春之水视为纯洁、吉祥的象征，认为能消灾除害使万事如意。抢接回来的新水先给长者洗脸，表示对长者的祝福。

扩塔节期间要杀猪、腌腊肉、备丰盛的年饭，邀请亲朋好友和附近村寨的各族朋友到寨子过年。有的寨子还要

在寨场中间摆起“团结饭”。据说过去男子要上山打猎一次，若猎获大野兽，就会被视为大吉大利，空手而归则视为不吉利。

还要开展一系列文体活动，如打秋千、打陀螺和跳歌等。跳歌最隆重。跳歌即跳芦笙舞，在寨场中燃起篝火，围着篝火而舞，一人领唱，众人和之，场面壮观，气氛热烈，一连跳上几个晚上，当然，同时也就成了青年男女谈情说爱的好时机。

小贴士

澜沧人热情好客，来到澜沧不妨到村镇体验一番别样的风情。因为澜沧县很大，是云南省土地面积最大的县级行政区域之一，村镇东西南北景色各异，如惠民旅游小镇、上允傣族小镇都各有特色。同时，澜沧的酸多依、生态土鸡是不得不尝的美食，拉祜族工艺品也记得带一些。

雨果的话

美丽动听的拉祜族歌曲

由于宗教和生活习俗的原因，普洱的少数民族或多或少有一些特殊的禁忌，但拉祜族是禁忌很少的一个民族，当然，他们不

拉祜大团圆

吃狗肉，这除了有民间传说外，可能与他们游猎民族视狗为伙伴的传统有关，其他的禁忌就不很多了。但是拉祜族有一个很大的特点，一方面他们顽强地在几千年迁徙发展中保持着自己的民族特色，时至今天，拉祜族的支系很少，也有人认为拉祜族没有支系，他们划不拢别的民族，别的民族也划不拢他们，拉祜族就是拉祜族。同时，他们又是一个开放的民族，善于学习其他民族的文化，如与傣族接触多的一部分拉祜族，就学会了穿傣装，用傣族的象脚鼓；当基督教传入拉祜山之后，吉他等西洋乐器也随之传入，拉祜族发现吉他这种乐器共鸣好，可以一面演奏旋律同时伴奏节奏，这样他们就接受了吉他。如果你来到拉祜山，看到成百上千的人在演奏吉他或者在和着吉他的旋律在跳舞，你就用不着感到奇怪了。

拉祜族音乐的旋律是非常优美的，演唱歌曲时还会有多声部的合唱，那种和声很自然，可能受了葫芦笙和吉他自然和声的影响，没有人事先写好合唱的乐谱，唱的时候就会自然的和了上来，连一些来此地采风的音乐工作者也感到大为惊讶。

关于拉祜族歌曲的优美，雨果只要唱一句你们就知道了：——阿哥阿妹情意深，好像那芭蕉一条根；阿哥好比芭蕉叶，阿妹就是那芭蕉心。这首叫《婚誓》的歌曲，在祖国大地上传播很广，相信你也会唱，它的旋律就是拉祜族的民歌旋律，作曲家只做了一些技术上的改动和根据歌词需要的创作。有一年，在澜沧举办了一次大型的演唱会，演唱会上，一位澜沧的退休老文化工作者就当众回忆了当年她还是一个小女孩的时候，有一天，寨子里来了几个汉人，要她给他们唱唱拉祜歌，她就唱了几首，后来，电影出来了，她才知道，原来她唱的歌已经变成了电影上的歌。

这个故事，说明了拉祜族音乐旋律的美，而扩塔节，同时也是拉祜族的歌舞节，你会在这里听到很多更美的歌声和更加动人的演奏，肯定、确认。

传统民族民间节庆

新米节

吃着新米祈求幸福

相关资料

每年的农历七月、八月是佤族的传统节日——新米节，是佤族一年中庆祝丰收的季节。每年的这个时候，西盟县的佤族群众们就会举行特有的仪式欢度新米节，祈求来年风调雨顺。佤族是一个农业民族，过去生产力水平低下，抵御自然灾害的能力比较弱。因此，围绕农业生产形成了很多敬神祈福的祭祀性活动，有的还渐渐形成定制，发展成为节日。“新米节”便是其中之一。

过新米节的第一件事情就是要去接新水，新水接到家以后，老年人就去地里拿新谷子、新苞谷回家，巴猜就杀鸡念咒看卦，大家一起来泡水酒、煮稀饭，庆贺新的一年丰收的到来。新米节也是佤族姑娘、小伙谈恋爱的季节。吃新米时，到了晚上，在明亮的月光下，姑娘们都在自家的屋檐下舂新米。小伙如果喜欢谁家的姑娘，就躲藏在黑暗的地方，等姑娘要舂好新米时，就把自己的包头或衣服

丢到姑娘旁，姑娘看了以后如果她也喜欢这个小伙，就用小伙的包头或衣物把舂好的新米包起来，留在舂碓上，等她进了家，小伙才出来拿。如果这小伙不是姑娘喜欢的人，她就给他包上米糠。

也许你会觉得，吃着新米就要当个节日有点小题大做，可是，对于农家来说，一年的五谷丰登不就是莫大的幸福么？这个节日，不仅图的是欢乐，更是表达人们对自然对世间万物的一种敬重之情。

新米节，不妨捏着个饭团和着欢乐的木鼓声，一同来靠近这纯真的欢乐。

一起过新米节的民族和一个各家可以自定的节日

刚才说了很多的新米节，都是佤族的，但是在普洱，拉祜族和傣族也同样过新米节。相比下来，佤族的新米节要更为隆重，活动更多，所以我更多地写了佤族的新米节。

在广阔的普洱山区，这是一个庆祝丰收的节日，也是一个没有绝对固定时间的节日，拉祜族一般就是在谷子黄熟的时候，选一个属狗或者属龙的日子来庆祝。但是，如果你想来参加这个节日的话，雨果就没有办法告诉你具体的时间，只能看你的运气了。

有人说，普洱的山区的气候是立体的，所谓一山分四季，十里不同天。经常是靠近坝区的谷子黄熟了，而半山区的谷子还刚开始扬花。这样，雨果就在采访中发现了一个有趣的现象，这个节日在过去是可以由自己决定时间的。——当主人看到自家的谷子黄了、熟了。就自己定下过节的日子，明天还是后天，然后作一些过节的准备。

节日这天，主人早早起床，准备好酒肉，然后去田地里割回一些新谷，挂一束在门上，其余的搓下谷粒，焙干后舂成新米做米饭，接下来举行家祭仪式，把米饭、菜肴摆在神台上，请巫师念咒语，祭祀谷神、敬献祖先，然后，巫师和老人带头，全家人喜喜欢欢地品尝新米，最后才打开家门，把今天家中过新米节的消息告诉寨子的乡亲，收到消息的人们就纷纷带着礼物前来祝贺，主人杀鸡、杀猪，甚至宰牛待客，大家一起快快乐乐地同享丰收的喜悦。

如今的新米节已经是大家一起过，比如佤族，在谷子黄熟的时候，摩巴会选定并公布一个时间，大家也会根据那个时间去割"头谷"回家，然后全寨一起快乐地过节。

雨果最后要说的是，无论是佤族、傣族和拉祜族，这个节日也是他们寻找意中人的好日子，其实，有很多的话，是早就想说的了，只是找这样一个机会罢了。但是对想追寻这节日的旅游者来说，只有自己背个背包，跟着那一片片黄熟的谷子，自己去寻找了。

尾　声

雨果唱给普洱的歌

快乐普洱

快乐是澜沧江水
流进了你我的心
快乐是樱桃花儿开
映红了茶山青
来来来来　带着青春的热情
追寻着快乐去
有一个快乐的地方名字叫普洱……

代后记 postscript

难舍普洱，沉醉天赐

普洱与生俱来就没有完结篇——在这套《普洱旅游系列丛书》成书付梓之际，我们心头都回荡着这样一句话。

将美好清澈、丰富多彩的普洱让世人分享，令普洱来一个惊艳的亮相，以一种书卷的温柔雕塑出千古茶乡、旅游天堂的立体魅力，便是这套《普洱旅游系列丛书》的发端。

丛书第一辑《普洱·绿色之旅》包含四种图书：

《醉普洱——普洱经典人文地理》 处处人文，处处地理，更处处历史，把饱含深度的普洱从世人向未留意过的古韵今音里娓娓道来……

《慢光阴——绿色普洱的别样时光》 于自在、自足、自得间融入这养生休闲的理想之地，满眼满心的绿是浸润进身体每个细胞的那种生命的跳跃与灵魂的畅爽，光阴慢，人不老！

《绿海仙境——玩转普洱》 是信息满满

的宝典，是普洱所有不能错过的旅游线路和风景，还把普洱旅途中吃、住、行、游、购、娱一一奉上，玩转普洱不是梦！

《山川如是——普洱旅游导游词精选》用一种工笔素描的精细功力，让你形成对普洱历史、地理、人文、经济、社会的立体认知。

丛书第二辑《普洱·快乐之旅》由三种图书组成：

《快乐普洱——马上出发》是完备的自助游小攻略，带你去普洱看最美的风景，玩最好玩的地方，吃最有特色的美食。出发吧，眼睛与舌尖都已不能等待！

《风情普洱——纯净·本真之旅》令你爱普洱，更爱这块土地上那热情神秘的民族风情。哈尼族、彝族、拉祜族、佤族、傣族各民族，风情万种，藏于深山。随他们到达那绿海深处，来一次纯净本真的风情之旅，灵魂也会为之欢欣荡漾！

《普洱道——相约·寻茶去》细说一系列茶景、茶乡、茶人、茶事，道出“茶马古道”“普洱茶乡”的秘密，深度探析普洱以茶文化为红线串起的新兴旅游产业之魅力。一起去吧，寻找传说中极品普洱之所在，寻找茶与人的芬芳情缘……

普洱就像拉祜歌曲《实在舍不得》中唱的：“最怕的就是要分开，要多难过有多难过，舍不得，舍不得，我实在舍不得”，那种一见钟情、魂牵梦萦的相思，在组织编写这套丛书的过程中，被我们结结实实地体验了一回！而正是这样的情愫，让我们对捧付读者面前的这套小书心存忐忑——究竟我们有没有用自己的笔写尽普洱的无数神奇、方方面面的优越？到底我们能不能以手中的镜头尽现普洱的太多美丽、丝丝缕缕的奇妙？这套两辑七本的小书是否浓缩尽了普洱的精华与神韵？或许她的好，只有你亲自来，才能饱览饱尝！

大半年前，为了进一步揭开普洱的神秘面纱，让世人真正认识普洱，我们聚到一起——普洱市旅游发展委员会牵头，云南人民出版社策划编辑出版，约请作家采风普洱执笔成书，终得以将这套丛书奉献于世人面前。而在成书过程中，普洱人更爱普洱，非普洱籍人认了普洱为精神故乡，这其间的种种，令我们每个人动容。数十位专家、领导为丛书的编辑出版付出了辛劳，在此，我们衷心感谢参与丛书工作和付出深厚感情的每一个人、每一个团队、每一个组织！

唯愿有朝一日，你来普洱，手执这套《普洱旅游系列丛书》，在这个白云与众神居住的地方，尽情享受时光，享受生命……

编委会

2015 年 5 月

图书在版编目（CIP）数据

快乐普洱：马上出发 / 马雨果著 . -- 昆明：云南人民出版社，2015.5

（普洱旅游系列丛书 . 普洱 · 快乐之旅）

ISBN 978-7-222-12075-4

Ⅰ . ①快… Ⅱ . ①马… Ⅲ . ①节日—风俗习惯—介绍—普洱市 Ⅳ . ① K892.1

中国版本图书馆 CIP 数据核字 (2014) 第 134344 号

快乐普洱——马上出发

马雨果 著

出 品 人：刘大伟
责任编辑：陈浩东
装帧设计：杜佳颖　南　舟
责任校对：熊　凌
责任印制：马文杰

出 版：云南出版集团
　　　　云南人民出版社
发 行：云南人民出版社
地 址：昆明市环城西路 609 号
邮 编：650034
网 址：http:ynpress.yunshow.com
E-mail: rmszbs@public.km.yn.cn
开 本：787 × 1092　1/32
印 张：3.875
字 数：50 千
版 次：2015 年 5 月第 1 版第 1 次印刷
印 刷：昆明卓林包装印刷有限公司
书 号：ISBN 978-7-222-12075-4
定 价：26.00 元